GRAMÁTICA NA ESCOLA

COLEÇÃO
REPENSANDO A LÍNGUA PORTUGUESA

COORDENADOR
ATALIBA T. DE CASTILHO

REPENSANDO
REPENSANDO A LÍNGUA PORTUGUESA
REPENSANDO

GRAMÁTICA NA ESCOLA

MARIA HELENA DE MOURA NEVES

editora**contexto**

Copyright© 1990 Maria Helena de Moura Neves
Todos os direitos desta edição reservados à
Editora Contexto (Editora Pinsky Ltda.)

Coordenador
Ataliba Teixeira de Castilho

Projeto de capa
Sylvio Ulhoa de Cintra Filho

Ilustração de capa
Detalhe alterado de "Engates Laterais",
óleo sobre tela de Glauco Pinto de Moraes

Revisão
Maria Aparecida Monteiro Bessana
Ana Lúcia Rodrigues

Composição
Veredas Editorial

Dados Internacionais de Catalogação na Publicação (CIP)
(Câmara Brasileira do Livro, SP, Brasil)

Neves, Maria Helena M.
Gramática na escola / Maria Helena de M. Neves. –
8. ed., 2ª reimpressão. – São Paulo: Contexto, 2025. –
(Repensando a Língua Portuguesa)

Bibliografia
ISBN 978-85-85134-65-5

1. Português – Gramática – Estudo e ensino 2. Português –
Gramática (2º grau). I. Título. II. Série.

90-0137   CDD-469.507

Índices para catálogo sistemático:
1. Gramática: Português: Ensino do 2º grau   469.507
2. Gramática: Português: Estudo e ensino   469.507

2025

EDITORA CONTEXTO
Diretor editorial: *Jaime Pinsky*
Rua Dr. José Elias, 520 – Alto da Lapa
05083-030 – São Paulo – SP
PABX: (11) 3832 5838
contato@editoracontexto.com.br
www.editoracontexto.com.br

Proibida a reprodução total ou parcial.
Os infratores serão processados na forma da lei.

SUMÁRIO

A autora no contexto 7

I. A SITUAÇÃO DO ENSINO DA GRAMÁTICA

NAS ESCOLAS 9

Notas preliminares 9

1. Reconhecimento do terreno 10

O *para quê* do ensino da gramática 10

O que é ensinado 12

O *como* no ensino da gramática 18

O "difícil" no ensino da gramática 21

O papel dos manuais de gramática 21

O livro didático 25

2. Discussão da situação geral 29

A formação dos professores 29

O clima reinante 30

A questão dos objetivos 32

A natureza da gramática ensinada 40

As bases do ensino 42

Dificuldades e problemas 43

3. Um balanço da questão 45

II. A GRAMÁTICA ESCOLAR 49

O objeto de análise 49

Propositura de bases para a análise 50

O texto como organização da informação 50

A organização informativa no texto 51

A organização informativa na oração 53

O texto como organização da interação 55

A organização semântica do texto 58

A transitividade 59

A coesão textual 61

III. CONSIDERAÇÕES FINAIS 65

Obras citadas 67

Bibliografia comentada 68

A AUTORA NO CONTEXTO

MARIA HELENA DE MOURA NEVES licenciou-se em letras – português-grego em 1970 e português-alemão em 1974 – pela Faculdade de Filosofia, Ciências e Letras de Araraquara. Cursou o Programa de Pós-Graduação em Letras Clássicas na Faculdade de Filosofia, Letras e Ciências Humanas da Universidade de São Paulo, doutorando-se em 1978. Obteve o título de livre-docente em língua portuguesa pelo Instituto de Letras, Ciências Sociais e Educação (ILCSE) – Universidade Estadual Paulista Júlio de Mesquita Filho (UNESP), Campus de Araraquara, em 1984.

É professora-adjunta aposentada de língua e literatura grega do Departamento de Linguística da Faculdade de Ciências e Letras – UNESP, Campus de Araraquara, e é docente de língua portuguesa e orientadora de teses no Programa de Pós-Graduação em linguística e língua portuguesa da mesma Faculdade.

Atua há anos como Coordenadora de Projetos ligados ao ensino de língua portuguesa na rede oficial de primeiro e segundo graus. Coordena, atualmente, junto com o professor Francisco da Silva Borba, o Projeto *Dicionário de Usos do Português Contemporâneo do Brasil*, que reúne pesquisadores de universidades paulistas.

É autora de *A vertente grega da gramática tradicional* (São Paulo, Hucitec-Editora da Universidade de Brasília, 1987), de *Curso de Grego-Propedêutica* (São Paulo, T.A. Queiroz, 1985), escrito em colaboração com Daisi Malhadas, e de dezenas de publicações sobre língua e literatura grega, e sobre linguística e língua portuguesa.

PRIMEIRAS PALAVRAS SOBRE O "MUNDO" DA GRAMÁTICA

a) Um compartimento muito reservado

Podemos imaginar que, se os professores de nossas escolas de 1º e 2º graus iniciassem suas aulas de gramática verbalizando o que têm em mente fazer, eles começariam por um convite mais ou menos nestes termos:

Meus queridos alunos – ou, mais democraticamente, "criançada" – vamos começar a aula de gramática, vamos *entrar no mundo da gramática*, como dizem nossos "modernos" livros didáticos.

E, se também verbalizassem os pressupostos do que realmente vão fazer, ainda diriam:

É claro que, para entrar nesse mundo, precisamos sair do mundo da leitura e interpretação e do da redação; afinal, precisamos sair do mundo da linguagem. A partir de agora, vamo-nos encher de espírito de sacrifício, vontade de vencer na vida, e vamos encarar os abomináveis exercícios que hão de testemunhar, lá em casa, que não descuramos da gramática, como os que, relaxando costumes, andaram por aí defendendo.

b) Um compartimento muito complicado

E continuariam:

Meus alunos, nada de gramática normativa. Já se falou o suficiente, por aí, para que ninguém se ponha a destilar as abomináveis regras de boa linguagem. Seria bom se eu pudesse simplesmente ensinar gramática normativa, porque ela lhes daria as normas que lhes permitiriam falar bem, que é o que (eu acho, mas não digo) é meu dever fazer. Mas isso, *não pode!* Afinal, tenho ouvido em meus Cursos de Treinamento que saber a língua não é saber gramática. E mais: que gramática não é regra de bem-dizer. E, por isso, não sei bem o que faço aqui dando aulas de gramática. Se a ensino para que vocês saibam escrever bem e corretamente, mas se não posso dar normas, por que as aulas de gramática?

Mas a gramática está no Programa e está nos livros didáticos. Vamos a ela... seja como for: apesar da pouca graça que tem, e, especialmente, apesar de eu não saber muito bem o que ela é.

A SITUAÇÃO DO ENSINO
DA GRAMÁTICA NAS ESCOLAS

NOTAS PRELIMINARES

Ensinar gramática. É possível? É desejável? E é exatamente o quê?

O melhor modo de tentar responder a essas perguntas parece ser verificar o que vem sendo feito nas escolas, nas chamadas "aulas de gramática".

E foi o que aqui se fez, pesquisando-se seis grupos de professores de língua portuguesa de 1º e 2º graus (a partir da 5ª série do 1º grau) da rede oficial de quatro cidades do estado de São Paulo, num total de 170 indivíduos.

A primeira verificação é que todos os professores, de um modo ou de outro, "ensinam" gramática.

A segunda é que pouca ou nenhuma diferença se faz entre o "ensino" da gramática que se empreende no 1º grau e o que se empreende no 2º, razão pela qual esta análise vai ignorar qualquer separação nesse sentido.

Os professores foram submetidos a dois instrumentos de investigação, Questionários e Entrevistas.

Os questionários procuraram:

1. caracterizar os informantes, especialmente quanto à sua formação, para melhor interpretação dos dados;

2. registrar a natureza da escolha e a avaliação do livro didático em uso;
3. caracterizar o tratamento dado à gramática pelo professor: finalidades do ensino, bases, natureza e desenvolvimento das atividades.

As entrevistas, de natureza informal, tiveram como objetivo não apenas uma melhor interpretação das respostas aos questionários, como também uma melhor avaliação dos problemas verificados.

RECONHECIMENTO DO TERRENO

O *para quê* do ensino da gramática

Ninguém pode, hoje, falar de ciência aplicada sem condicionar todos os processos ao *para quê*. Temos de começar por aí. Dê-se a palavra aos professores objeto da pesquisa realizada. A questão se divide em duas:

1. Para que se "ensina" a gramática?
2. Para que se "usa" a gramática que é ensinada?

1. Quanto às finalidades do ensino da gramática, verificou-se que quase 50% das indicações se referem a um bom desempenho: melhor expressão, melhor comunicação, melhor compreensão (destacando-se o desempenho ativo). Cerca de 30% das indicações se referem à preocupação de normatividade: maior correção, conhecimento de regras ou de normas, conhecimento do padrão culto. Restam cerca de 20% de indicações para o que seria uma finalidade teórica: aquisição das estruturas da língua/melhor conhecimento da língua/conhecimento sistemático da língua/apreensão dos padrões da língua/sistematização do conhecimento da língua. Cabe, ainda, apontar que menos de 1% dos professores pesquisados declarou que só dá aulas de gramática para cumprir o programa; esse

baixo percentual, porém, foi desmentido na subsequência da pesquisa, que revelou ser muito mais geral essa negação da real validade do ensino da gramática.

2. Como nas respostas à questão anterior, há maioria de indicações para o melhor desempenho linguístico, agora registrado mais especificamente como "falar e escrever melhor", e ligado a sucesso na vida prática. Por outro lado, o melhor conhecimento da língua vem agora traduzido em sucesso em concursos e bom desempenho social e profissional, embora também venha apontado como utilizável "para nada". A aquisição das estruturas da língua é vista como uma finalidade do ensino desligada de aplicação prática, traduzindo-se no próprio conhecimento das estruturas da língua, em si e por si, ou mais uma vez, em nada. Quanto à finalidade de ensino para simples cumprimento do programa, sua utilização vem ligada ao sucesso na própria sala de aula (acertar exercícios), o que significa, novamente, não se apontar necessidade real para o ensino da gramática.

Indicações duplas de utilização da gramática aprendida reúnem:

- ser aprovado em concursos e vencer na vida;
- expressar-se corretamente e ser bem-aceito na sociedade;
- usar a língua padrão/norma culta e ser bem-sucedido na vida.

Indicações múltiplas reúnem:

- conhecer a língua e: ter segurança nas situações de comunicação; expressar-se melhor; ser bem-sucedido na vida;
- expressar-se bem e: sair-se bem em concursos; sair-se bem profissionalmente.

O que ocorre, na maior parte dos casos, é a tradução para termos práticos ("bom desempenho profissional e social", "segurança", "elevação social") tanto do "melhor desempenho linguístico" como da "maior correção de linguagem", que representam 80% das finalidades indicadas em resposta ao quesito anterior.

O *que* é ensinado

As aulas de gramática consistem numa simples transmissão de conteúdos expostos no livro didático em uso. Essa foi a primeira verificação que se fez ao se pesquisar a natureza do ensino da gramática nas escolas. Para se avaliar, então, o que os professores consideram importante que se aprenda nas aulas de gramática, pediu-se que eles formulassem os exercícios que mais usualmente solicitam que os alunos executem. Partiu-se da consideração de que a formulação de exercícios seria a atividade mais reveladora do modo de trabalho dos professores no campo da gramática, já que, por essa atividade, depreendem-se as bases, os princípios, as finalidades, enfim, a natureza da atividade. Além disso, todos os professores pesquisados declararam dar exercícios gramaticais a seus alunos, o que significa que essa atividade está presente em 100% das salas de aula que a pesquisa abrange.

São relacionados a seguir, por ordem decrescente de ocorrência, os tipos de exercícios formulados mais de uma vez em qualquer dos seis grupos pesquisados. Os de ocorrência singular em todos os grupos deixam de ser indicados, para evitar pulverização de informações.

1. Reconhecer classes de palavras 31,34%
2. Reconhecer funções sintáticas 15,01%
3. Reconhecer e classificar funções sintáticas 8,38%
4. Reconhecer e subclassificar classes de palavras 7,94%
5. Usar determinadas classes no preenchimento de lacunas 4,19%
6. Classificar verbos quanto à transitividade 3,31%
7. Fazer análise sintática 2,42%
8. Identificar acidentes do verbo 2,20%
9. Classificar orações 1,98%
10. Dividir período e classificar orações 1,76%
11. Substituir nome por pronome pessoal em frases 1,76%
12. Dar o plural de palavras 1,54%
13. Flexionar verbos 1,32%

14. Acentuar e justificar o acento 1,32%
15. Usar determinadas palavras em frases 1,10%
16. Separar sílabas 1,10%
17. Apassivar frases 0,88%
18. Ampliar frases 0,88%
19. Reconhecer elementos mórficos 0,88%
20. Treinamento ortográfico 0,88%
21. Reconhecer o número de sílabas de palavras 0,88%
22. Reconhecer gênero 0,66%
23. Dar adjetivos correspondentes a substantivos 0,66%
24. Classificar termos 0,44%
25. Classificar períodos 0,44%
26. Completar lacunas com determinados termos da oração . 0,44%
27. Construir frases na passiva 0,44%
28. Fazer concordância verbal 0,44%
29. Indicar e justificar a crase 0,44%
30. Mudar a posição do sujeito 0,44%
31. Passar frases para o plural 0,44%
32. Fazer análise morfológica 0,44%
33. Mudar o tempo verbal 0,44%
34. Substituir locuções adjetivas por adjetivos 0,44%
35. Formar substantivos derivados de adjetivos 0,44%
36. Empregar sinônimos e antônimos 0,44%
37. Empregar homófonos 0,44%
38. Empregar palavras polissêmicas 0,44%
39. Procurar palavras no dicionário 0,44%
40. Separar sílabas e classificar quanto ao número de
    sílabas 0,44%

Verifica-se que o grupo dos quatro exercícios mais aplicados, que são os relativos ao reconhecimento (e classificação) das classes de palavras e das funções sintáticas é responsável por 62,67% das ocorrências; somando-se a esse grupo as ocorrências que ocupam o quinto lugar e o sexto, que também se referem a classes de palavras e a "análise sintática", respectivamente, chega-se a um percentual de mais de 70%, o qual ainda se eleva, se considerados os exercícios que se encontram nas posições 9, 10, 25 e 26, todos relativos a funções sintáticas.

A distribuição por áreas do programa de língua portuguesa (incluídos, agora, também os exercícios que tiveram ocorrência singular em qualquer dos grupos) é, por ordem de frequência, a que se apresenta, a seguir:

1. Classes de palavras 39,71%
2. Sintaxe 35,85%
3. Morfologia 10,93%
4. Semântica 3,37%
5. Acentuação 2,41%
6. Silabação 2,25%
7. Texto 1,44%
8. Redação 1,44%
9. Fonética e Fonologia 0,96%
10. Ortografia 0,80%
11. Estilística 0,32%
12. Níveis da linguagem 0,32%
13. Versificação 0,16%

Aponta-se, aí, *Classes de palavras* como área autônoma pela alta incidência de exercitação com essas entidades. Está abrigada na morfologia a parte relativa à flexão, derivação e composição de palavras. Cumpre observar que se optou por registrar todos os exercícios fornecidos pelos professores, mesmo os que não constituem propriamente exercícios "gramaticais", como, por exemplo, os de redação ou de investigação do texto.

Os exercícios sobre classes de palavras e funções sintáticas, os únicos que ocorreram em todos os grupos, correspondem a 75,56% do total, e o primeiro lugar é, mais uma vez, das classes de palavras, o que, na verdade – e curiosamente – não corresponde ao que se verifica nos cadernos dos alunos, onde o predomínio é de exercitação da "análise sintática": reconhecimento e classificação dos termos da oração e das orações do período.

14. Acentuar e justificar o acento 1,32%
15. Usar determinadas palavras em frases 1,10%
16. Separar sílabas 1,10%
17. Apassivar frases 0,88%
18. Ampliar frases 0,88%
19. Reconhecer elementos mórficos 0,88%
20. Treinamento ortográfico 0,88%
21. Reconhecer o número de sílabas de palavras 0,88%
22. Reconhecer gênero 0,66%
23. Dar adjetivos correspondentes a substantivos 0,66%
24. Classificar termos 0,44%
25. Classificar períodos 0,44%
26. Completar lacunas com determinados termos da oração . 0,44%
27. Construir frases na passiva 0,44%
28. Fazer concordância verbal 0,44%
29. Indicar e justificar a crase 0,44%
30. Mudar a posição do sujeito 0,44%
31. Passar frases para o plural 0,44%
32. Fazer análise morfológica 0,44%
33. Mudar o tempo verbal 0,44%
34. Substituir locuções adjetivas por adjetivos 0,44%
35. Formar substantivos derivados de adjetivos 0,44%
36. Empregar sinônimos e antônimos 0,44%
37. Empregar homófonos 0,44%
38. Empregar palavras polissêmicas 0,44%
39. Procurar palavras no dicionário 0,44%
40. Separar sílabas e classificar quanto ao número de
    sílabas 0,44%

Verifica-se que o grupo dos quatro exercícios mais aplicados, que são os relativos ao reconhecimento (e classificação) das classes de palavras e das funções sintáticas é responsável por 62,67% das ocorrências; somando-se a esse grupo as ocorrências que ocupam o quinto lugar e o sexto, que também se referem a classes de palavras e a "análise sintática", respectivamente, chega-se a um percentual de mais de 70%, o qual ainda se eleva, se considerados os exercícios que se encontram nas posições 9, 10, 25 e 26, todos relativos a funções sintáticas.

A distribuição por áreas do programa de língua portuguesa (incluídos, agora, também os exercícios que tiveram ocorrência singular em qualquer dos grupos) é, por ordem de frequência, a que se apresenta, a seguir:

1. Classes de palavras 39,71%
2. Sintaxe 35,85%
3. Morfologia 10,93%
4. Semântica 3,37%
5. Acentuação 2,41%
6. Silabação 2,25%
7. Texto 1,44%
8. Redação 1,44%
9. Fonética e Fonologia 0,96%
10. Ortografia 0,80%
11. Estilística 0,32%
12. Níveis da linguagem 0,32%
13. Versificação 0,16%

Aponta-se, aí, *Classes de palavras* como área autônoma pela alta incidência de exercitação com essas entidades. Está abrigada na morfologia a parte relativa à flexão, derivação e composição de palavras. Cumpre observar que se optou por registrar todos os exercícios fornecidos pelos professores, mesmo os que não constituem propriamente exercícios "gramaticais", como, por exemplo, os de redação ou de investigação do texto.

Os exercícios sobre classes de palavras e funções sintáticas, os únicos que ocorreram em todos os grupos, correspondem a 75,56% do total, e o primeiro lugar é, mais uma vez, das classes de palavras, o que, na verdade – e curiosamente – não corresponde ao que se verifica nos cadernos dos alunos, onde o predomínio é de exercitação da "análise sintática": reconhecimento e classificação dos termos da oração e das orações do período.

Uma importante questão pesquisada foi a consideração do papel da *definição* das entidades no ensino da gramática.

Procurou-se verificar:
a) a capacidade dos alunos para formular definições;
b) a necessidade de se formularem definições;
c) a relação das entidades que os alunos conseguem definir;
d) o teor das definições.

A metade dos professores declarou, sem reservas, que seus alunos chegam a definir entidades gramaticais; cerca de 30% fizeram reservas e cerca de 20% disseram que seus alunos não formulam definições.

Quanto à legitimidade do lugar das definições no ensino da gramática em 1º e 2º graus, também a metade dos professores considera que é necessário que "se ensinem" definições; da outra metade, 60% julgam que as definições não são necessárias e os restantes 40% (20% do total) julgam que elas não devem ser ensinadas, mas alcançadas pelos próprios alunos. As razões mais frequentemente apontadas para a necessidade do "ensino" das definições são:
1. elas permitem reconhecer as classes gramaticais e os termos da oração;
2. elas desenvolvem a capacidade de síntese e de análise do processo linguístico;
3. elas são necessárias para o domínio da terminologia.

Foram as seguintes as entidades que os professores apontaram como as que seus alunos conseguem definir:
- substantivo
- adjetivo
- verbo
- sujeito
- predicado
- predicado verbal
- objeto direto

Verifica-se que só aparecem definições de classes de palavras e de funções sintáticas, com grande maioria (quase 70%) das primeiras. Verifica-se, também, que as únicas classes apontadas são as lexicais e que os termos da oração apontados são quase exclusivamente os chamados *essenciais*, o que poderia sugerir que a escolha se deveu a que são essas as entidades que os próprios professores se sentem mais à vontade para definir: a) por serem as primeiras e as mais tratadas nas escolas; b) por serem, quanto às classes, as que aceitam mais facilmente a definição nocional; c) por serem, quanto às funções, as mais gerais.

Apresentam-se, a seguir, como amostra, as definições que um dos grupos pesquisados (Grupo A, 33 professores) apresentou como as obtidas dos alunos, as quais, pelo que se depreende, são aceitas como adequadas (ou são, mesmo, as ensinadas) pelos professores. Esses resultados mostram que:

- as definições das classes de palavras (todas lexicais, como apontado acima) são nocionais;
- há mostras de indistinção entre o termo linguístico (substantivo, adjetivo, verbo) e o referente nomeado: "substantivo é tudo o que se pode desenhar"; "adjetivo é qualidade"; "verbo é ação";
- a definição de sujeito não apresenta, como entidade genérica, uma entidade sintática (por exemplo, termo da oração); chega a confundir a função sintática com o referente (ser) da classe nocional que normalmente ocupa a posição de sujeito (o substantivo); na verdade, a definição de sujeito é, predominantemente, a de tema e a definição de predicado é, predominantemente, a de rema: "sujeito é o ser de que se diz/se declara alguma coisa"; "sujeito é o assunto da oração"; "predicado é o que se diz do sujeito"; as outras definições de sujeito e de predicado são puramente semânticas: "sujeito é o que pratica a ação" (definição de papel semântico); "predicado é o que indica ação ou estado do sujeito" (definição nocional da classe que ocupa a posição de sujeito).
- a única definição de subclasse apresentada não provê o conceito da classe, e, portanto, não define, apenas subclassifica; assim, ela seria válida se se seguisse à definição da classe, que é o que ocorre nos livros, o que pode ter influenciado os informantes.

Formulação das definições que os alunos conseguem apresentar

Substantivo	é a palavra que dá nome	aos seres
		às coisas, pessoas e animais
		aos seres, sentimentos, ações, cidades etc.
	é nome	
	é tudo o que se pode desenhar	
Adjetivo	é a palavra que	exprime a qualidade ou a característica dos seres
		caracteriza, isto é, dá a qualidade de um nome
		dá qualidade às coisas
	é qualidade	
Verbo	é a palavra que indica	ação ou estado
		ação, estado ou fenômeno da natureza
	é ação	
Sujeito	é o ser de que se diz/se declara alguma coisa	
	é o assunto da oração	
	é o que pratica a ação, faz alguma coisa	
Predicado	é o que se diz do sujeito	
	indica ação ou estado do sujeito	
Predicado verbal	é o que tem por núcleo um verbo	

O *como* no ensino da gramática

Uma das preocupações dos professores, ao responder à questão dos procedimentos no ensino da gramática, é afirmar a opção pelos textos, como ponto de partida da exercitação gramatical. Foram mais de 50% dos professores que declararam partir de textos (muitas vezes com a especificação de que se privilegiam os textos dos próprios alunos), de frases, de exemplos.

Cerca de 40% dos pesquisados, por outro lado, declararam partir da teoria, e cerca de 5% afirmaram privilegiar a exercitação como ponto de partida das lições.

O que se verificou, porém, nas Entrevistas, foi que "partir do texto" nada mais representa que "retirar de textos" unidades (frases ou palavras) para análise e catalogação.

A sequenciação das atividades praticada é a seguinte, por ordem de frequência:

- leitura do texto teórico – exercícios;
- leitura do ponto – explicação – exercícios;
- leitura do professor – leitura dos alunos;
- explicação – leitura no livro – exercícios;
- explicação – exercícios – correção;
- explicação – comentário – exercícios;
- explicação – exercícios de fixação;
- explicação – leitura do livro;
- trabalho com as regras – exercícios.

Verifica-se que a maior parte dos professores aponta que inicia o processo com explicação da matéria. A grande maioria, por outro lado, aponta a exercitação como último passo do processo.

Para se verificar o modo de condução da reflexão sobre as entidades linguísticas, solicitou-se dos docentes pesquisados que indicassem como se conceituam as entidades gramaticais nas aulas de gramática. Perguntou-se, especificamente, o que dizem eles a seus alunos para conceituar *sujeito* e *objeto direto*.

Verificou-se, quanto ao sujeito, que a maioria (cerca de 80%) dos professores leva seus alunos à conceituação por meio da definição, enquanto uma minoria operacionaliza o conceito; destes, a grande maioria (quase 70%) faz a clássica pergunta "quem?" ou "o quê?" antes do verbo e o restante opera formalmente; (concordância, substituibilidade por pronome, colocação à esquerda do verbo); quanto ao objeto direto, cerca de 90% conceituam pela definição, e o restante recorre à "pergunta" depois do verbo.

Quanto à natureza das definições apresentadas, verificou-se que elas são preferencialmente as de tema (mais de 50%); as outras se referem à noção semântica de transitividade, na maioria das vezes (80%) identificando sujeito e agente. As definições para objeto direto referem-se predominantemente (quase 100%) ao caráter complementar (sem preposição) desse termo, contemplando o seu caráter de complementador em cerca de 40% dos casos e a natureza transitivo-direta do verbo completado (o que configura definição circular) em outros 40%. Cerca de 3% das respostas dão ao objeto direto a definição de paciente.

Do mesmo modo que no caso das definições apresentadas como dos alunos, há problemas na indicação do gênero sobre o qual se faz a diferenciação específica. Em cerca de apenas 30% dos casos é indicado um gênero cabível: *termo, termo da oração* ou *termo sintático*; nos outros casos, os gêneros apontados são, para sujeito, *ser, tema* e *assunto*, e para objeto direto, *palavra, ser*, e a definição peca, pois, pela base. Em 20% dos casos, por outro lado, não se provê nem mesmo a formulação proposicional de definição; chega-se a definir sujeito como "quem faz alguma coisa" ou "papel actancial dentro da frase".

Outro ponto que se oferecia à pesquisa e que foi investigado foi o modo como se conduz em sala de aula a atividade de reconhecimento das entidades linguísticas, atividade que, como revelavam os dados, é a predominante nas aulas de gramática. Pediu-se, especificamente, que os professores indicassem como os alunos reconhecem substantivos e verbos em um texto. Deve-se observar que 20% dos pesquisados deixaram de responder à questão e 5% deram informações vagas sobre o fato de procederem a uma exercitação para chegar ao reconhecimento dessas classes. A mais significativa conclusão é que os professores, mais uma vez, fixam-se nas definições para operar. Quanto à natureza das formulações invocadas para dirigir as atividades de verificação de pertencimento às classes *substantivo* e *verbo*, verificou-se que:

a) quanto ao substantivo:
- a indicação predominante (75%) é que o substantivo é nome dos seres;
- 13% das indicações são formais (de distribuição);
- 13% das indicações contêm graves equívocos (substantivo como agente, ou como indicador de coisas sensíveis e formas concretas);
- nenhum professor deu critério de flexão como caracterizador do substantivo;
- o total das indicações nocionais é mais de 80%;

b) quanto ao verbo:
- as indicações de caráter nocional correspondem a quase 70%; as puramente nocionais (sem associação a outras) correspondem a quase 50%;
- as indicações de flexão correspondem a cerca de 30%; as puramente flexionais (sem associação a outras) correspondem a cerca de 25%;
- 13% dos informantes apensaram a indicação flexional à nocional;

c) quanto ao cruzamento das indicações dadas para as duas classes:
- 40% dos informantes ligaram nome (para substantivo) com ação/fenômeno/estado (para verbo) em suas indicações;
- 30% não fizeram indicações flexionais para o verbo;
- 10% fizeram indicações formais para o substantivo (de distribuição) e flexionais para o verbo.

Verifica-se que é para o substantivo que as indicações nocionais têm maior predomínio. Para o verbo o predomínio se mantém, mas o critério de flexão, que é praticamente inexistente no caso do substantivo, aparece como bastante significativo. O fato de o verbo flexionar-se em categorias que lhe são específicas deve ser o responsável por esse fato.

O "difícil" no ensino da gramática

A grande maioria dos professores (mais de 60%) atribuiu as dificuldades a problemas dos alunos: falta de esforço, falta de interesse, falta de vontade de pensar, falta de maturidade, falta de capacidade de abstração, falta de percepção da utilidade da gramática. Outros 7%, aproximadamente, atribuíram as dificuldades à escola (métodos ultrapassados, alfabetização deficiente, exercitação entediante) e cerca de 3% consideraram que é à própria matéria que se ligam as dificuldades. Foi relativamente elevada a porcentagem de professores que declararam não ter dificuldades (quase 20%).

Quanto aos pontos específicos de dificuldade, a quase totalidade das respostas diz respeito à sintaxe, referindo-se, mais especificamente, a:

1. compreensão das entidades sintáticas *sujeito* e *predicado*;
2. compreensão da noção de transitividade;
3. compreensão da entidade *predicativo*;
4. compreensão da entidade *agente da passiva*;
5. classificação do predicado;
6. determinação da distinção entre:
- sujeito indeterminado e sujeito "oculto" de terceira pessoa do plural;
- complemento nominal e adjunto adverbial;
- objeto indireto e adjunto adverbial;
- oração adjetiva restritiva e oração adjetiva explicativa.

O papel dos manuais de gramática

Cerca de 66% dos professores pesquisados citaram, nas respostas aos questionários, um ou diversos manuais de gramática que dizem consultar. Aqui não se indicarão os nomes dos manuais apontados, mas deve-se observar que, em 50% dos casos, trata-se de obras bem tradicionais, e, nos outros 50%, as indicações se referem a manuais mais recentes, do tipo "didatizado", isto é, manuais preparados com a clara intenção de adoção em sala de aula, por isso mesmo com apresentação de exercícios após a lição teórica, esta, aliás, raramente menos tradicional do que as dos manuais mais antigos.

Na verdade, a real ocorrência dessa consulta a manuais, declarada nos questionários, desmentiu-se nas entrevistas. Como já se apontou aqui, os professores, na quase totalidade, restringem sua fonte de informações ao livro didático em uso.

Ao responder sobre os objetivos que os levam a consultar os manuais de gramática, os professores pesquisados deram as seguintes respostas, arroladas por ordem de frequência:

esclarecer dúvidas	40%
informar-se	13,52%
coletar exercícios	13,52%
coletar exemplos	6,47%
obter melhor ensino	6,47%
complementar o livro didático	3,52%
compreender questões	3,52%
aprofundar-se em questões	3,52%
ter segurança em questões	3,52%
verificar metodologia	2,94%
preparar aulas	2,94%

Como se observa, cerca de 65% das respostas dizem respeito à formação e informação do professor, e o restante se refere à atividade didática.

Perguntados sobre a possibilidade de os manuais de gramática resolverem os problemas que eles têm nesse campo, os professores pesquisados deram as respostas que vêm resumidas a seguir:

sim	47,05%
às vezes	16,47%
em parte	12,94%
não totalmente	10,00%
não	6,47%
na maioria das vezes	3,52%
não para a sala de aula	3,52%

Desse modo, apenas 6,47% dos professores acham que as gramáticas não resolvem seus problemas; para os outros (93,53%), elas os resolvem, total (47,05%) ou parcialmente (46,48%), em diferentes graus. As ressalvas dizem respeito à necessidade de se consultar mais de um manual e à necessidade de se buscarem elucidações com professores mais experimentados.

As razões apontadas pelos que responderam *sim* são as seguintes:

esclarecem dúvidas 21,76%
ampliam conhecimentos 21,76%
dão segurança 14,11%
fornecem explicações e exemplos 14,11%
completam o livro didático 14,11%
fornecem exercícios 7,05%
ajudam no preparo de aulas 7,05%

Verifica-se que um total de 57,63% se refere à formação e informação do professor, e 42,32% se refere à aplicação em sala de aula.

As críticas apresentadas estão resumidas a seguir:

muito sucintos 16,47%
exemplos distantes da realidade 10,00%
sem visão global do sistema da língua 3,52%
linguagem complexa 3,52%
linguagem técnica 3,52%
apresentação muito formal 3,52%
sem detalhamento 3,52%
muitas regras fora de contexto 3,52%
exercícios repetidos e cansativos 3,52%
exercícios arcaicos e difíceis 3,52%
assuntos muito resumidos 3,52%
sem aplicação 3,52%
exemplos difíceis 3,52%
pouco atualizados 1,17%
não satisfazem 1,17%
incoerentes 1,17%
difíceis 1,17%
Não têm críticas 16,47%
Não responderam 6,47%

Assim se podem agrupar as críticas (131 indicações):

- quanto à abrangência, extensão e detalhamento ... 30,53%
- quanto à exemplificação 17,55%
- quanto à apresentação 13,74%
- quanto à aplicabilidade 9,16%
- quanto à exercitação 9,16%
- outros 19,84%

Uma avaliação crítica da formulação de um dos tópicos das gramáticas utilizadas indica que os professores, em geral, consideram que as gramáticas:

- têm incoerências;
- apresentam lacunas;
- misturam critérios;
- não são muito claras;
- nem sempre respondem às dúvidas.

Os 19 pontos apontados como merecedores de melhor tratamento nos manuais de gramática foram:

- definição das classes gramaticais;
- conceituação de substantivo abstrato;
- verbos, em geral;
- verbos de estado;
- verbos de ligação;
- verbos auxiliares;
- verbos transitivos e intransitivos;
- locução verbal;
- advérbios;
- pronomes indefinidos;
- pronomes oblíquos;
- divisão em termos essenciais, integrantes e acessórios;
- classificação de sujeito;
- sujeito oculto e indeterminado;
- predicativo;
- complemento nominal x adjunto adverbial;
- objeto indireto x adjunto adverbial;
- apassivação;
- dígrafos.

Na verdade, esses tópicos refletem os pontos em que os professores têm dificuldades.

O livro didático

Verificou-se, na pesquisa, que a relação de livros adotados varia na proporção de cerca de sete professores por livro. Na sua apresentação dos livros, os professores declararam que:

- todos possuem parte gramatical;
- a maioria traz pouca teoria e muitos exercícios.

Ao se pesquisarem as razões da adoção do livro didático, verificou-se, em primeiro lugar, que quase 60% dos professores não participaram do processo de adoção dos livros que usam:

a) porque já os encontraram adotados por outro professor;
b) porque os livros foram doados pelo Governo.

As razões de adoção apontadas se distribuem em três categorias:

a) as que representam uma análise objetiva, referindo-se a algum aspecto concreto do livro em questão (linguagem, escolha ou utilização dos textos, gramática, exercitação, distribuição de assuntos) – são as que predominam;

b) as que aludem à obtenção de metas com o uso do livro (melhorar a atividade de reflexão ou a capacidade de expressão);

c) as que simplesmente atribuem uma qualidade ao livro ("bom", "viável").

A pesquisa revelou que a grande maioria dos docentes de 1º e 2º graus (90%) recorre à parte gramatical do livro didático, mas mais de 60% deles observam que não se limitam ao que o livro oferece. Indicações marginais feitas pelos informantes dão conta de que:

a) quanto ao tipo de ressalva:

- só os exercícios são usados;
- há recurso a outros livros;
- o professor usa a sua competência;
- em certos assuntos há necessidade de ampliação; em outros, há necessidade de redução;
- o livro só serve de ponto de partida, depois se apresentam outros modelos;

- o livro só é usado na fase de fixação;
- o livro só é usado como leitura suplementar;

b) quanto às condições para o uso:
- se a aplicação e os exercícios estão bons;
- se a parte gramatical está, pelo menos, razoável;
- se a apresentação está clara e correta;

c) quanto às razões de necessidade de complementação:
- falta de preparação prévia para determinadas questões;
- caráter incompleto das informações.

Independentemente de apresentarem ou não restrições, alguns professores apontaram as razões pelas quais fazem uso do livro didático na parte gramatical:
a) porque é o que está mais disponível;
b) para melhor sequência da matéria;
c) porque é um bom material;
d) porque os alunos gostam;
e) pela análise morfossintática.

Alguns ainda apontaram as razões pelas quais não utilizam a parte gramatical do livro:
a) porque é complicada;
b) porque há erros;
c) porque há questões fáceis demais e há questões complicadas demais.

Manifestando-se sobre a sequência em que o livro em uso apresenta os assuntos de gramática, cerca de 40% dos professores declararam segui-la, cerca de 30% declararam que a seguem "às vezes" e os outros cerca de 30% declararam que não a seguem. As razões apontadas para a manutenção da sequência foram as seguintes:
a) porque a complexidade é gradual;
b) porque os próprios alunos são conservadores e gostam de que o livro seja seguido;
c) para cumprir os pré-requisitos.

Os que declararam que não mantêm a sequência apresentada apontaram as seguintes razões:
a) os conhecimentos gramaticais são compartimentados;
b) a sequenciação deve ser adaptada às necessidades dos alunos;
c) a sequência de outros livros didáticos é melhor.

Os professores que responderam afirmativamente à questão sobre o uso da parte gramatical do livro didático foram questionados sobre os procedimentos de uso dessa parte do livro. Mais de 60% do total apontaram o procedimento "explicação", que nada mais é que "aula expositiva". Mais de 40% declararam que fazem leitura da parte gramatical do livro, sendo que mais de 80% desses começam por tal procedimento. O procedimento mais indicado foi a resolução de exercícios (cerca de 85%), sendo que apenas 15% dos pesquisados, aproximadamente, reduzem ao aproveitamento dos exercícios o uso que fazem do livro didático, na sua parte referente à gramática. Pelo menos um desses três procedimentos (explicação, leitura, exercícios) foi apontado em todas as respostas.

As críticas aos livros em uso se dirigem, em geral, à abrangência e profundidade da matéria apresentada, considerada incompleta, resumida, superficial, ou com insuficiente exercitação. Quanto à qualidade, há indicações genéricas, como má elaboração, má compartimentação, ilogicidade ou falta de embasamento para os exercícios propostos. Refere-se à obtenção de metas apenas uma indicação, a de que a parte gramatical do livro não leva à reflexão. Apenas 7% dos professores afirmaram não ter críticas a fazer a seu livro, no que respeita à gramática.

Instados a qualificar a parte gramatical do livro em uso, os professores fizeram, para 11 livros, as seguintes 93 indicações:

boa	13
satisfatória	07
razoável	15
regular	07
ruim	05
péssima	09
resumida	05

reduzida 04
superficial 04
incompleta 05
cansativa 06
confusa 04
inadequada 05
difícil 04

Verifica-se que o julgamento é positivo (acima de *Regular*) em apenas 37% dos casos. Importa observar que mesmo os que declararam, na resposta ao questionário, que consideram boa a apresentação da parte gramatical do livro, fizeram questão de acrescentar que a ampliam/adaptam/complementam, ou que usam o livro apenas como auxiliar. Não foi, entretanto, o que se pôde depreender das entrevistas e do exame dos cadernos dos alunos.

Quanto aos exercícios que o livro apresenta, a pesquisa revelou que 100% dos professores não prescindem desse material em suas aulas. Emitindo opinião sobre esses exercícios, eles fizeram as indicações apontadas a seguir:

São bons 27,27%
São bem-estruturados 18,18%
Apresentam pouca variedade 9,09%
Apresentam pouca complexidade 9,09%
Apresentam gradativa complexidade 9,09%
Às vezes são pouco abrangentes 9,09%
Às vezes são mal-organizados 9,09%
Às vezes são repetitivos 9,09%

Verifica-se que o julgamento é positivo em, pelo menos, 45% dos casos. Os julgamentos mais negativos, em geral, apresentam a ressalva "às vezes". Na verdade, pode considerar-se natural esse julgamento positivo dos professores já que os exercícios que eles declaram propor aos alunos são, em geral, os mesmos que os livros didáticos apresentam.

DISCUSSÃO DA SITUAÇÃO GERAL

A formação dos professores

Verifica-se facilmente, do lado dos professores, que é baixo o nível de aspiração quanto a um aprimoramento de formação. As leituras, pode-se afirmar, praticamente inexistem. E, embora alguns tenham citado, nos questionários, os manuais de gramática que consultam, o que se colheu, nas entrevistas, foi que raramente eles vão aos livros, preferindo, no caso de dúvidas, consultar colegas mais experimentados ou professores universitários. Nem para resolver problemas de ortografia os professores mostram saber *onde* procurar soluções. Na verdade, cerca de 33% dos pesquisados declararam que consideram os livros didáticos suficientes para os estudos do professor, nivelando-os aos manuais de gramática como obras de consulta ou estudo de gramática. Esse "estudo" declarado dos livros didáticos revela o baixo nível de aspiração para o empreendimento dos trabalhos, bem como a falta de compreensão do que significa empreender estudos de uma disciplina.

Ficou bem evidenciado que a única atividade em que os professores se engajam são os cursos de reciclagem/atualização/aperfeiçoamento, em geral de trinta horas. E embora eles tenham, na maioria dos casos, opinião positiva sobre esses cursos, o que há, realmente, é um certo encantamento com a "sabedoria" dos docentes (universitários, em geral) que os ministram. Isso, infelizmente, massacra os professores de 1º e 2º graus, que acabam sentindo não apenas que não sabem nada, como, ainda, que não têm condições de suprir essas deficiências. Na verdade, o máximo que esses cursos curtos e eventuais podem fazer é despertar os professores para certos problemas, oferecer caminhos para posterior desenvolvimento, indicar bibliografia, despertar o espírito crítico, dar, afinal, certas condições para que os egressos deles sigam a trilha e caminhem no sentido de uma reciclagem ou atualização. Entretanto, findo o curso, o professor volta a sua rotina, a seu livro didático, aos problemas da sala de aula, e fica quase impossível, agora sem assistência e sem suporte institucional, realizar a parte mais difícil, que é operacionalizar os conhecimentos recebidos, que, na verdade, num curso de curta duração, foram, necessariamente, fragmentários. E o único procedimento que essa pesquisa pôde notar, nos professores mais desejosos de aprimoramento, nos que ainda buscam obter, após o curso frequentado, alguma alteração de conduta, foi a tentativa de aplicação direta, em sala de aula, dos exercícios sugeridos ou examinados no desenvolver do curso. Foram frequentes observações deste tipo: "Eu já estou aplicando aquele exercício nas minhas aulas", ditas como se isso mostrasse que determinado curso valeu a pena. E, assim, meia dúzia de exercícios "diferentes" passam a conviver com os que têm cadeira cativa nas atividades, como "grife e classifique o sujeito", "classifique o verbo em transitivo e intransitivo", "classifique as palavras grifadas", etc.

O clima reinante

Não se pode deixar de observar o clima de desalento que existe entre os docentes de 1º e 2º graus de língua portuguesa quanto aos resultados que se tem podido obter, e – mais grave ainda – quanto ao valor do trabalho que se vem realizando. A própria validade do ensino de Português – aqui, especificamente, do ensino da gramática – é questionada. Alguns poucos se dizem entusiasmados com o trabalho que realizam, mas trata-se de uma euforia sem suporte, já que, em geral, nem eles mesmos acreditam nos "resultados positivos" que relatam, pois não chegam a reconhecer aplicação ou valor na aprendizagem, a não ser para a finalidade de bom desempenho na resolução de exercícios na própria sala de aula. Assim, por exemplo, os professores que julgam ter sucesso no ensino da gramática justificam geralmente essa suposição com frases deste tipo (são citações): "Meus alunos não erram uma oração substantiva mais."; "Quase a classe toda já classifica as orações adverbais". Na verdade, como se verá, são esses os objetivos imediatos do ensino que os professores fixam em seu planejamento, e eles se sentem realizados porque tais objetivos estão satisfatoriamente atingidos. O que ocorre, pois, é que a questão do próprio estabelecimento dos objetivos não é devidamente avaliada.

O desânimo e o desencanto verificados encontram explicação na seguinte situação geral que pôde ser confirmada a partir das Entrevistas.

a) *Os professores*: 1) ganham mal; 2) trabalham muito (em geral, dois períodos em sala de aula); 3) trabalham em mais de uma escola; 4) não têm tempo de estudar, de ler, nem de exercer alguma atividade cultural; 5) não se consideram respeitados nem pelo governo nem pela sociedade nem pelas famílias dos alunos.

b) *Os alunos*: 1) têm problemas de comportamento; 2) são desatentos e dispersivos; 3) não têm dedicação aos estudos; 4) não valorizam a oportunidade de aprender em sala de aula.

c) *A instituição*: 1) perde-se na burocracia; 2) não tem papel aglutinador ou orientador; 3) não valoriza o professor; 4) não oferece condições para uma continuidade de trabalho, favorecendo a fragmentação dos programas.

O desestímulo, realmente, é muito grande, o que não significa que não se note muita vontade de acertar e de melhorar o desempenho. O que falta, percebe-se, são condições pessoais (de formação e disponibilidade) e institucionais (de assistência organizada, e da própria adequação do sistema).

As principais solicitações dos professores para suporte de uma melhor formação que propicie desempenho mais adequado referem-se a: 1) cursos sistemáticos e contínuos (de especialização, por exemplo); 2) material didático mais seguro e adequado; 3) orientação direta para desenvolvimento das diversas atividades. Na verdade, todas as solicitações, que aqui se resumiram nesses três grandes feixes, revelam: a) que os professores se sentem desassistidos; b) que eles (pelo menos com a formação que têm até agora) querem receitas prontas, material para aplicação direta em sala de aula, ou seja, fórmulas (quase) mágicas.

Percebe-se que os professores têm tido oportunidades de atualização fragmentárias, em geral representadas por aqueles cursos eventuais de atualização acima citados. Desses cursos ficam laivos de modernidade que, às vezes, mais perturbam que orientam, já que representam dados avulsos cuja base os professores não estão preparados para apreender. São indícios dessa situação os seguintes fatos, revelados nas Entrevistas, e que aqui se apontam como exemplo:

1. tentativa de evitar exercícios de gramática normativa;
2. tentativa de usar o texto como ponto de partida do estudo;
3. apego à nomenclatura da Línguística moderna. São, porém, apenas tentativas mal-apresentadas (os dois primeiros casos), ou procedimento postiço que a nada leva (terceiro caso).

A questão dos objetivos

Uma questão importante a ser apontada é que – segundo as respostas obtidas na pesquisa – a fixação de objetivos, no planejamento das atividades nas aulas de língua portuguesa, é, na realidade, um procedimento "postiço", divorciado de reais "crenças" do professor no verdadeiro sentido de seu trabalho. A maioria dos professores mostrou que a atividade de fixação de objetivos é considerada por eles, no universo de suas atividades, como o mero cumprimento de uma exigência burocrática. Daí os típicos procedimentos de cópia de planejamentos alheios, ou de planejamentos de anos anteriores. Daí, ainda, como revelou a pesquisa, a preocupação maior com a apresentação formal dos objetivos (o uso de formas e fórmulas consagradas pela didática) do que com a implicação política, filosófica, teórica – numa ponta – e operacional – na outra ponta – dos objetivos propostos.

A partir dessas verificações, não surpreende que os planejamentos abriguem algumas relações de objetivos gerais bem redigidos e de bom nível técnico, mas que, na consciência da atividade pedagógica, não se verifique a "presença" desses objetivos, faltando às ações em sala de aula o mesmo sentido e direção que se depreendem do que foi fixado na relação de objetivos.

A pesquisa verificou o registro de objetivos no chamado "Planejamento de ensino" arquivado em 8 escolas aleatoriamente selecionadas entre as representadas pelos professores questionados. As formulações registradas podem ser generalizadas para os seguintes objetivos gerais do ensino da língua portuguesa:

- reconhecer a competência linguística dos alunos;
- adequar essa competência a normas gerais;
- compreender o processo de comunicação e analisá-lo em seus múltiplos aspectos;
- aperfeiçoar a habilidade de comunicação e expressão oral e escrita;
- desenvolver a habilidade de comunicação mais ampla e eficazmente dentro do grupo social;
- permitir ajustamento e participação nos padrões do grupo pela aquisição de informações e habilidades aceitas por ele através do domínio da linguagem oral e escrita;
- desenvolver a comunicação como expressão do mundo interior e exterior;
- permitir a autorrealização pela satisfação pessoal por eficiência na comunicação, na integração e na busca de valores ideais;
- desenvolver a habilidade para a comunicação e expressão em termos de recepção de textos e sua produção;
- desenvolver a expressão oral através de textos e atividades relacionadas com a vida social do aluno;
- desenvolver a habilidade de observação e análise das estruturas e processos linguísticos;

- usar o sistema de transformações que a língua oferece, para que o aluno encontre novas formas de expressão;
- reconhecer e usar adequadamente os diferentes tipos de registro;
- relacionar adequadamente a língua oral e a escrita;
- levar à produção de textos que tenham unidade orgânica, coerência, clareza, e que revelem controle dos recursos linguísticos básicos;
- levar à redação de orações mais coerentes, com precisão semântica e gramatical;
- desenvolver a capacidade de resumir textos com precisão e correção;
- possibilitar a identificação de formas de composições, segundo suas características específicas;
- possibilitar a aplicação, de forma mais correta e adequada, em linguagem e em outras disciplinas ou áreas de estudo;
- desenvolver o amor à cultura nacional através de textos representativos sobretudo da cultura brasileira;
- desenvolver habilidades intelectuais de reflexão, interpretação, análise e síntese;
- permitir melhor compreensão e valorização do povo e da cultura brasileira.

Os objetivos gerais, num planejamento, vêm, naturalmente, especificados nos chamados "objetivos específicos". E aí já se pode apontar uma primeira incongruência. O que se percebe é que os objetivos específicos que se encontraram não servem aos gerais, e que sua formulação nada mais representa do que a formulação do próprio conteúdo programático em termos de metas a serem atingidas.

Vai aqui transcrito o elenco de objetivos específicos, formulados por série, relativos a uma das escolas pesquisadas. São formulações bastante representativas do que se encontrou fixado, em geral, no planejamento de todas as escolas:

5ª série – O aluno será capaz de:
1. Captar as ideias principais do texto lido;
2. Entender a mensagem do texto;
3. Resumir o texto;
4. Analisar personagens, circunstâncias de espaço e tempo e perceber pormenores;
5. Enriquecer o vocabulário ativo;
6. Ampliar o texto;
7. Desenvolver a expressão oral, escrita e corporal (encenações);
8. Identificar as classes de palavras;
9. Conhecer o alfabeto;
10. Distinguir fonema, letra;
11. Distinguir sílaba tônica, átona;
12. Escrever corretamente as palavras na sua forma atual;
13. Desenvolver as habilidades de expressão escrita;
14. Montar um texto a partir de dados sugeridos;
15. Desenvolver a imaginação e a criatividade;
16. Reconhecer as classes gramaticais;
17. Reconhecer o sujeito e o predicado;
18. Identificar o predicado verbal e nominal;
19. Conhecer poesia;
20. Grafar corretamente as palavras.

6ª série
1. De 1 a 7 os referidos acima (5ª série):
2. Distinguir as 10 classes de palavras;
3. Classificar frase, oração, sujeito e predicado;
4. Dividir corretamente as sílabas das palavras;
5. Acentuar corretamente as palavras oxítonas, paroxítonas e proparoxítonas;
6. Classificar o predicado verbal e nominal;
7. Classificar o sujeito;
8. Distinguir os verbos quanto ao complemento;
9. Conhecer os advérbios;

10. Escrever corretamente as palavras;
11. Conhecer verbos de ligação;
12. Conhecer os verbos transitivos e intransitivos;
13. Conhecer o adjetivo, a locução adjetiva;
14. Colocar a crase corretamente;
15. Identificar pronomes possessivos e demonstrativos;
16. Identificar o adjunto adnominal;
17. Distinguir, redigir redação;
18. Conhecer poesia; discurso direto e indireto;
19. Conhecer descrição;
20. Redigir bilhetes.

7ª série

Objetivos específicos para os textos, citados no plano de 5ª série.

Gramática

1. Distinguir tipos de fonemas;
2. Distinguir vogal/semivogal, ditongo, tritongo, hiato;
3. Distinguir encontros consonantais, dígrafos;
4. Conhecer o predicado verbo-nominal;
5. Distinguir os predicativos;
6. Conhecer e identificar os pronomes pessoais;
7. Conhecer as conjugações verbais; os verbos regulares;
8. Acentuar e grafar corretamente as palavras;
9. Conhecer a conjugação irregular dos verbos;
10. Conhecer tipos de sujeito; vozes dos verbos;
11. Conhecer palavras homônimas;
12. Conhecer adjunto adverbial;
13. Conhecer complemento nominal e distingui-lo do objeto indireto;
14. Conhecer palavras parônimas;
15. Conhecer poesia; narração em poesia;
16. Conhecer e redigir telegrama;
17. Elaborar cartas; anedotas;
18. Conhecer teatro.

8ª série
1 a 7 – 5ª série – objetivo para textos;
8. Conhecer período simples e composto;
9. Conhecer período composto, por coordenação; tipos de oração coordenada;
10. Conhecer período composto por subordinação; tipos de oração subordinada;
11. Revisar acentuação gráfica;
12. Grafar corretamente as palavras;
13. Conhecer siglas;
14. Distinguir concordância nominal de concordância verbal;
15. Conhecer a regência verbal em especial de alguns verbos;
16. Colocar o pronome corretamente;
17. Conhecer o imperativo dos verbos;
18. Conhecer o plural dos substantivos compostos;
19. Conhecer a estrutura e a formação das palavras;
20. Elaborar bilhetes, narrações, descrições, cartas;
21. Conhecer linguística dissertativa e narrativa;
22. Conhecer textos informativos, linguística jornalística;
23. Comparar textos jornalísticos;
24. Conhecer poesias românticas do século XX; poesias modernas;
25. Distinguir um texto romântico de um jornalístico.

De outra escola, para evitar fastídio, vai aqui transcrito, apenas como ilustração, o elenco dos "objetivos específicos" relativos à 6ª série, o que aqui se considera suficiente para a discussão:

6ª série – Objetivos específicos
1º bimestre
1. Identificar e classificar o sujeito;
2. Reconhecer o núcleo do sujeito;
3. Distinguir predicado verbal e nominal; identificar verbo transitivo e intransitivo;
4. Desenvolver a habilidade de expressão escrita através da criação de textos que exploram a narração;

5. Produzir textos com clareza e coerência, aplicando corretamente os estudos gramaticais;
6. Entender e interpretar textos;
7. Grafar corretamente palavras do texto que ofereçam dificuldades ortográficas.

2º bimestre

1. Concordar corretamente o adjetivo com vários substantivos;
2. Desenvolver a habilidade de expressão escrita através da criação de textos que explorem a descrição;
3. Resumir o assunto dos parágrafos dos textos;
4. Resumir o assunto global do texto;
5. Acentuar corretamente vocábulos extraídos do texto.

3º bimestre

1. Identificar o V.T.D., o V.T.I. e o V.T.D. e I.;
2. Reconhecer e classificar o O.D. e o O.I.;
3. Identificar o C.N.;
4. Acentuar corretamente os vocábulos do texto;
5. Desenvolver a habilidade de expressão escrita através da criação de textos dissertativos;
6. Desenvolver a habilidade da expressão escrita através da pesquisa.

4º bimestre

1. Identificar voz ativa, passiva e reflexiva e transformar frases da voz ativa para a passiva e vice-versa;
2. Reconhecer o agente da passiva;
3. Reconhecer e empregar o adjunto adverbial e o adjunto adnominal;
4. Captar as diversas posições do adjunto adverbial na frase e empregá-lo corretamente;
5. Reconhecer o aposto e o vocativo;
6. Entender e interpretar textos;

7. Grafar corretamente palavras do texto que ofereçam dificuldades ortográficas;

8. Produzir textos com clareza e coerência, aplicando corretamente os estudos gramaticais.

Verifica-se, pelo exame de ambos os elencos, que:

a) há, claramente, distinção de atividades relativas a: 1) leitura e interpretação; 2) gramática; 3) redação; 4) ortografia;

b) os objetivos relativos à "gramática" – que estão, aqui, particularmente em questão – caracterizam-se por atividades de: 1) reconhecimento de entidades; 2) distinção de pertencimento a classes; 3) subclassificação; 4) distinção entre entidades e entre classes e subclasses de entidades; 5) correção de emprego. Ilustrando: 1) identificação das classes de palavras e das funções sintáticas (em especial, adjunto adnominal, predicativo, adjunto adverbial), subclasses de palavras (em especial, verbos de ligação, pronomes possessivos, demonstrativos e pessoais) e especificações de funções (em especial predicado verbo-nominal, e as diversas funções oracionais); 2) caracterização da unidade sintática maior (tipos de período); 3) distinção de unidades de diferentes planos (fonema e letra); 4) distinção de unidades dentro de um mesmo plano (complemento nominal x objeto indireto, sílaba átona x sílaba tônica); 5) subclassificações (de sujeito, de predicado, de verbos quanto ao complemento, de vozes verbais); 6) emprego "correto" (do acento indicativo de crase, dos pronomes átonos).

A primeira verificação, pois, no que se refere à fixação de objetivos pelos professores e à real direção das atividades em busca de seus fins é que os "objetivos gerais" são encarados pelos professores como uma espécie de utopia. Por isso eles são muito bonitos, bem redigidos e bem fundamentados (afinal, eles estão à disposição, quase para cópia, em formulações que vêm prontas das instituições, das escolas, dos livros), mas não dirigem realmente o que seria a sua "especificação" ("objetivos específicos").

Outro ponto se refere à grande diferença entre o "para quê" depreendido da fixação de objetivos registrada no planejamento escolar e o "para quê" realmente declarado pelos professores nas respostas a Questionários e nas Entrevistas (especialmente nestas, já que, durante as Entrevistas, o professor não teve possibilidades de fazer consultas ao planejamento registrado no início do ano). O que ocorre é que os professores, em geral, não confessam, no registro institucional que fazem, os reais objetivos do ensino que empreendem. Ou não têm reais objetivos fixados.

A natureza da gramática ensinada

Considerado o espaço e o modo de tratamento dado à gramática, facilmente se verifica uma ligação direta com o que o professor considera que seja a *gramática* da língua, pois é desse conceito que decorre a delimitação do que deve ser "ensinado" ou "exercitado".

As respostas dadas à pergunta: "Para que você ensina gramática?" permitem depreender dois principais conceitos que os professores de 1º e 2º graus têm de gramática:

1. Gramática como um conjunto de regras de bom uso (= gramática normativa).
2. Gramática como descrição das entidades da língua e suas funções (gramática descritiva).

Nenhum professor mostrou compreender a gramática como o próprio sistema de regras da língua em funcionamento.

Embora nenhum dos questionados se tenha referido nominalmente ao ensino da gramática como uma exercitação da metalinguagem, o que se observa é que, seja com preocupação normativa, seja com preocupação descritiva, as atividades relativas ao ensino da gramática são atividades de exclusiva exercitação da metalíngua.

Todos sabemos que, como atividade humana, a atividade linguística tem três dimensões:

1. a dimensão discursiva, pela qual as expressões se relacionam com a situação real de sua produção;
2. a dimensão semântica, pela qual as expressões se interpretam segundo o sistema cultural de representação da realidade;
3. a dimensão sintática ou gramatical, pela qual se regram sistematicamente as construções da língua. Dito de outro modo, a linguagem é (e tem de ser considerada):
- uma atividade comunicativa;
- uma atividade cognitiva;
- um objeto de análise.

Intuitivamente – embora muito raramente chegando a conseguir explicitar essa reflexão – o professor de 1º e 2º graus percebe as diferentes dimensões da linguagem, mas, pela própria força da tradição e da organização dos programas escolares, traduz de maneira equívoca essa complexidade. A totalidade dos professores de língua portuguesa entrevistados adota a compartimentação de há muito estabelecida nos próprios livros didáticos entre:
1. redação;
2. leitura e interpretação;
3. gramática.

Pode-se vislumbrar aí, *grosso modo*, uma relação entre cada uma dessas atividades e uma das dimensões acima apontadas:
1. A redação como atividade comunicativa;
2. A leitura e interpretação como atividade cognitiva;
3. A gramática como atividade de análise.

Exatamente porque os professores têm um conceito de gramática como: 1) atividade normativa, e/ou 2) atividade descritiva, toda a programação escolar (desde a fixação de objetivos até a avaliação) reflete, na sua compartimentação, o desprezo pela atividade essencial de *reflexão* e *operação* sobre a linguagem. Contemplamse, na verdade, ou as atividades de operação com a linguagem (redação, leitura, interpretação) ou as atividades de sistematização gramatical. Não se observa qualquer reserva de espaço para a reflexão sobre os procedimentos em uso, sobre o modo de relaciona mento das unidades da língua, sobre as relações mútuas entre diferentes enunciados, sobre o propósito dos textos, sobre a relação entre os textos e seus produtores e/ou receptores, etc.

Tudo se passa como se o aluno estivesse na sala de aula para uma de duas atividades totalmente apartadas: 1) exercitar a linguagem estruturando/representando/comunicando experiências, ou no outro polo, interpretando experiências comunicadas (redação e leitura com interpretação) e 2) tomar conhecimento do quadro de entidades da língua, especialmente classes, subclasses e funções, e tomar conhecimento do que se considera bom uso da língua (gramática).

As bases do ensino

Na verdade, a pesquisa revelou que, para qualquer conteúdo selecionado ou forma de exercitação, os professores se sentem plenamente justificados e consideram que seu estudo está modernizado se, simplesmente, partirem de exemplos concretos e, especialmente, se partirem de textos. Isso, realmente, nada mais significa que usar o texto como pretexto.

Como já se observou acima, "partir do texto" representa extrair do texto frases ou palavras e, sobre elas, exercitar a metalinguagem, fazendo, especialmente, rotulação de entidades. Em casos específicos, e em porcentagem bem baixa, transparece mais nitidamente uma preocupação normativa, e a exercitação pode significar, por exemplo:

a) verificação de adequação a padrões (por exemplo, concordância na frase ou no sintagma);

b) verificação de adequação na formação de sintagmas (por exemplo, preenchimento da função satélite junto a núcleo);

c) verificação da adequação na substituição pronominal (o uso do pronome oblíquo átono, e não do tônico, em função complementar com estrutura não preposicionada);

d) verificação de adequação na relação entre os casos pronominais e as funções sintáticas;

e) verificação de manutenção de regências consagradas na tradição culta.

Quanto a essa preocupação normativa, cabe observar aqui que, embora 100% dos professores pesquisados tenham formação universitária plena, e embora a finalidade principal apontada para o ensino da gramática não seja a normatividade, como aqui se mostrou, a pergunta sobre a "teoria" subjacente ao ensino de gramática empreendido teve como resposta quase geral "gramática tradicional". Merece reflexão esse resultado, já que, à parte o baralhamento da concepção do que seja "base teórica", sabe-se que uma preocupação das Universidades, especialmente nos últimos anos, tem sido questionar a gramática tradicional, em particular pelo seu caráter considerado normativo. Como se apontou na Parte I, a absoluta maioria dos exercícios propostos pelos professores se refere às classes de palavras e às funções sintáticas.

Nota-se claramente que os exercícios desses dois grandes grupos, os referentes às classes de palavras e os referentes às funções sintáticas, aparecem completamente desvinculados, a não ser pelo fato de que alguns pedem, ao mesmo tempo, a classe gramatical e a função sintática das palavras grifadas. Pode-se considerar a compartimentação dos fatos da língua como decorrente da apresentação canônica dos manuais de gramática, os quais se organizam por quadros e paradigmas. Entende-se a gramática como um processo de depreensão de entidades nocionais, e, só a partir daí, pensa-se na atribuição de funções às unidades depreendidas.

Falta, parece, a fixação da atenção nos próprios processos que resultam na depreensão de unidades, as quais têm sentido exatamente como elementos que funcionam nesses processos.

Dificuldades e problemas

As dificuldades, em geral, dizem respeito a uma incapacidade de avaliar a língua em uso nas suas diversas dimensões, como se apontou acima.

A falta de percepção da organização funcional da língua se reflete, por exemplo, na frequência com que *sujeito* e *agente* ou *sujeito* e *tema* se confundem.

Quanto à falta de rigor metodológico, aponta-se a confusão entre o plano de organização semântica e o de estruturação sintática no estudo, por exemplo, da transitividade, da entidade *agente da passiva* e das construções existenciais com verbos impessoais ou com não impessoais (*haver* x *existir*).

Além disso, as "aporias" a que chegam os professores dizem respeito: 1) à confusão entre um argumento obrigatório (na Nomenclatura Gramatical Brasileira, "complemento") e um participante não obrigatório (na NGB, "adjunto"), de que são exemplos os pares: *complemento nominal* x *adjunto adnominal* e *objeto indireto* x *adjunto adverbial*; 2) à falta de caracterização exata de predicação nominal (cópula + predicativo), de que é exemplo o par *predicativo* x *adjunto adverbial*). Outra confusão (menos apontada, mas também ocorrente), ainda ligada a essa questão, é a que se faz entre predicado nominal e predicado com o verbo *ter*, e que representa indistinção entre predicação nominal (fato sintático) e predicação estativa (fato semântico): o verbo *ter* (de estado) é sentido como cópula ou "verbo de ligação" (NGB), pela predominância de predicações estativas com verbos de ligação.

Merece registro o fato de os professores, em geral, não considerarem problemático o estudo das classes de palavras. O que se notou foi que eles "resolveram" a questão de reconhecimento de classes de palavras simplesmente não oferecendo muitas ocasiões de erros ou dúvidas aos alunos, na resolução dos exercícios propostos: os exercícios de descoberta de pertencimento a classes são tão dirigidos e de tal obviedade que dificilmente os alunos (e os próprios professores) se sentem com problemas de resolução. Sirvam de exemplo estes exercícios, bastante típicos dos que ocorreram na amostra que esta pesquisa levantou: "Grife os substantivos da frase: *O menino repartiu as balas*". "Passe um traço sob os artigos e dois sob os pronomes possessivos em: *Os meus problemas já foram resolvidos.*"

Quanto aos problemas gerais apontados pelos professores na questão do ensino da gramática, pode-se dizer que o principal deles se relaciona com o descaso generalizado pela disciplina *Língua Portuguesa*, e com o enfado que as atividades dessa disciplina causam em alunos e professores.

Contou um dos professores entrevistados que, tendo perguntado a seu filho de 5ª série se gostava de Dª Sandra (a professora de português), respondeu-lhe a criança: "professor de português, ninguém gosta". Triste destino de Dª Sandra! E quejandas!

UM BALANÇO DA QUESTÃO

Alguns pontos ficam perfeitamente claros na discussão do problema do ensino da gramática.

1. *Os professores em geral acreditam que a função do ensino da gramática é levar a escrever melhor.*

Está evidente para todos que os alunos "escrevem mal". Além de verificar tal fato diretamente, os professores são alertados para o problema pela divulgação de estudos sobre a péssima qualidade das redações nos vestibulares, os quais representam a fase da terminal idade do ensino de 1º e 2º graus. Observe-se que as aberrações geralmente divulgadas no desempenho de vestibulandos nessas redações dizem respeito muito mais diretamente ao rompimento dos padrões gramaticais e ortográficos do que à falta de organização coerente e adequada do texto. Também na vida diária, tem essa mesma base o julgamento do bom desempenho linguístico das pessoas com as quais o professor entra em contato, incluídas aí – e principalmente – as pessoas em evidência, as que se manifestam pelos meios de comunicação, e das quais se espera grande "correção" da linguagem. Foi muito comum nas Entrevistas, por exemplo, o registro de observações sobre "erros" cometidos por altas autoridades em seus pronunciamentos, com julgamento devalorativo desses indivíduos, em decorrência de tal desempenho.

Os professores na sua totalidade mostraram que consideram sua grande missão oferecer um ensino que permita que seus alunos falem e escrevam de acordo com as regras vigentes na gramática tradicional, o que é considerado, sem dúvida, como "escrever melhor". De tal modo, as aulas de redação (lembre-se a confessada compartimentação normal em aulas de leitura e interpretação/redação/gramática) constituem muito mais ensejos para exercitar a adequação da linguagem aos padrões da norma do que para exercitar a boa formação de um texto, isto é, a adequada relação entre os significados (o sentido) e a forma, na composição de um texto. Aquela clássica compartimentação tripla transforma-se, assim, numa compartimentação entre:

a) leitura e interpretação;
b) gramática tópica (aplicada ao texto);
c) gramática sistematizada.

2. Os professores foram despertados para uma crítica dos valores da gramática tradicional.

A pesquisa mostrou, como já se apontou, que a quase totalidade dos professores tem feito cursos promovidos pela Secretaria de Educação. Nesses cursos, que, em geral, têm orientação de pessoal das universidades, os professores foram postos em contato com novas propostas de consideração da gramática, especialmente a crítica de um ensino normativo da língua.

Essa postura entra em conflito com a cobrança que a sociedade (ver questão anterior) e a família fazem da escola, que é considerada o lugar privilegiado onde se deve fornecer aos alunos mecanismos de ascensão na escala social, especificamente no que diz respeito à adequação dos padrões da linguagem ao padrão considerado melhor.

3. *Os professores têm procurado dar aulas de gramática não normativa.*

O modo de desenvolvimento das aulas de gramática sistemática e, especialmente, a composição dos exercícios de gramática a que são submetidos os alunos mostram muito claramente que o ensino da gramática normativa foi, em grande porcentagem, substituído pelo ensino da gramática descritiva, especialmente taxionômica. O que se sistematiza é o quadro de entidades da língua (classes e subclasses), os paradigmas, as estruturas. O que se cobra, realmente, é o reconhecimento de unidades e o reconhecimento de funções intrafrásicas.

Essa é a resposta dos professores à cobrança que deles se faz de uma "modernização" do ensino da gramática, já que a ênfase no ensino de normas de uso da língua ficou suficientemente estigmatizada para que o professor se negue a manter-se nele (ou se negue a confessar que nele se mantém).

4. *Os professores verificam que essa gramática "não está servindo para nada".*

Os professores substituíram o ensino da gramática normativa pelo da gramática descritiva, mas conservam a ideia de que a gramática poderia (ou deveria) servir para subsidiar um "melhor" desempenho linguístico dos alunos. À força, pois, de ver criticado o ensino normativo da língua, o professor o aboliu (ou quase aboliu) das aulas sistemáticas da gramática, mas não substituiu a ideia de que é ao ensino da gramática que cabe propiciar uma redução nas infrações aos padrões tradicionais prestigiados pela camada culta da população.

É assim que os professores declararam que os alunos (e também eles) consideram que não têm nada que fazer, na prática, com os ensinamentos transmitidos nas aulas de língua portuguesa. Assim:

- se não se aboliu a ideia de que o aluno deve chegar a um bom desempenho em termos de correção de linguagem;
- se a gramática normativa (que era a que ensinava o aluno a esquivar-se das infrações comprometedoras de um bom padrão de desempenho linguístico, nos termos da cobrança social) está desprestigiada a ponto de poucos professores ousarem confessar serem seus defensores;
- se a gramática descritiva (que substituiu a normativa por força da própria cobrança institucional) nada ensina com respeito a um desempenho mais correto, que é o prestigiado;
- o ensino da gramática "não serve para nada".

5. *Apesar disso, os professores mantêm as aulas sistemáticas de gramática como um ritual imprescindível à legitimação de seu papel.*

As entrevistas revelaram que as famílias que têm condição de acompanhar os estudos de seus filhos "não perdoam" a inexistência de um ensino sistemático de gramática nas escolas. As observações assistemáticas, tópicas, ocasionais não preenchem a exigência de uma atividade paralela instituída com sistematicidade.

O inevitável "mau desempenho" da maioria dos alunos é muito mais facilmente atribuído pelas famílias a um "mau desempenho" do professor se ele não fez registrar nos cadernos dos alunos uma exercitação e/ou uma teorização dos fatos e das regras gramaticais, como parte das atividades em sala de aula e extraclasse. É como se o professor, com aulas regulares de gramática, provesse para si um álibi para o caso de uma falta de progresso do aluno na apropriação que este deva fazer, gradativamente, dos recursos de sua língua. O professor sabe que, para a família de um aluno que "escreva mal", ele será mais culpado se não tiver "ensinado gramática" em sala de aula. Assim, embora saiba que a gramática que ele ensina não ajudará o aluno a escrever melhor (em nenhum dos pontos de vista), ele cumpre o ritual do ensino sistemático da gramática como meio de eximir-se de culpa maior.

A GRAMÁTICA ESCOLAR

O OBJETO DE ANÁLISE

Todos sabemos que é imprescindível prover-se uma descrição ampla da língua que sirva de suporte à descrição que se promove em nível pedagógico. Essa tarefa, que vem desafiando há tempo os pesquisadores brasileiros, começa a ser empreendida no âmbito das universidades, como parte de uma preocupação com a gramática portuguesa que deverá marcar, pelo que se tem notado, a década de 80.

Parece, entretanto, que uma análise puramente formal não cumprirá, por si, as finalidades normalmente propostas para o ensino da gramática no 1º e 2º graus. Nesse nível espera-se uma gramática pronta a ser operacionalizada por não especialistas. Isso é o que esperam dos pesquisadores os professores de 1º e 2º graus, como se pôde verificar no desenvolvimento da pesquisa.

A língua em uso oferece complicadores no nível semântico e no nível pragmático-discursivo. E é a língua em funcionamento que tem de ser objeto de análise em nível pedagógico, já que a compartimentação da gramática como disciplina desvinculada do uso da língua tem sido um dos grandes óbices à própria legitimação da gramática como disciplina com lugar no ensino da língua portuguesa.

É óbvio que tal proposta não significa a defesa de uma não separação metodológica cuidadosa entre sintaxe e semântica ou semântica e pragmática, ou mesmo entre nível discursivo e nível de realização. Pelo contrário, o que se pretende é uma análise que considere as diferentes contrapartes, o que significa distingui-las na análise, operando com consciência dessas distinções. Considerado que a unidade básica na análise da língua em funcionamento é o texto, cabe considerar a natureza dessa unidade, natureza que determinará a postura de análise e as bases de operacionalização.

PROPOSITURA DE BASES PARA A ANÁLISE

A proposta que se traz aqui se liga a uma teoria funcional da linguagem. A base é, particularmente, Halliday (1967-1968, 1973, 1985).

Como a visão funcionalista pode permitir uma melhor operacionalização da análise linguística em nível escolar? Estabeleçamos, nesse sentido, três postulados:

- O texto tem de ser visto como organização da informação.
- O texto tem de ser visto como organização da interação linguística.
- O texto tem de ser visto como organização semântica.

O texto como organização da informação

Discuta-se a questão da organização da informação em dois níveis:

- O texto se compõe de unidades informativas que, em termos de delimitação e extensão, são independentes das unidades sintáticas. A entonação compõe blocos de informação, unidades significativas do discurso realizadas fonologicamente pela tonicidade, organizadas em torno de pontos proeminentes – os focos de informação. Os diferentes efeitos que se obtêm na organização do texto relacionam-se com a sucessão linear dos blocos de informação e com os diferentes modos pelos quais, conforme o sistema da língua em questão, localizam-se os focos – principal e secundário(s) – dentro de cada bloco.

• O texto organiza também intraoracionalmente a informação que veicula. Toda oração implica a escolha de um tema em torno do qual se assentará o exercício remático. Selecionado por opção do falante para organização da informação na sequência dos elementos da oração, o tema é o ponto de partida da oração enquanto mensagem. Representando aquilo sobre que o falante escolheu falar, o tema consiste, basicamente, no primeiro elemento da oração, o qual é, pois, o tema não marcado.

A ORGANIZAÇÃO INFORMATIVA NO TEXTO

A consideração da organização do texto em blocos de informação permite que, em nível escolar, ligue-se análise da língua com produção e recepção do texto.

As chamadas "aulas de redação" têm-se limitado a uma encomenda de textos (sob pretextos) aos alunos: dão-se temas, inícios, situações, epígrafes e solicita-se dos alunos que componham um texto sob tal motivação. Os professores entrevistados disseram que insistem muito com os alunos nos seguintes pontos, entre outros:

a) necessidade de que o texto tenha começo, meio e fim;

b) necessidade de que ele seja vazado no registro adequado (que, na maior parte das vezes se considera seja o registro formal da língua escrita);

c) atenção especial à coerência interna.

Essas indicações se fazem, entretanto, sem qualquer orientação para sua operacionalização, como se o simples alertar para as questões (o que, também, nem sempre é feito) desincumbisse o professor de uma atuação direta no preenchimento dos requisitos assentados. As aulas de leitura e interpretação, por outro lado, reduzem-se, no que respeita à atuação do professor, a uma recomendação de leitura atenta (para a interpretação) e expressiva (para o desempenho oral). Defende-se, aqui, que a consideração das unidades informacionais e da organização dessas unidades em torno de focos de intensidade pode levar a que se desenvolvam com sucesso várias atividades fundamentais no ensino do vernáculo. Podem ser apontados:

A) O desempenho linguístico.

Sobre tais bases permite-se a obtenção de:

1. eficácia informativa, pela adequada sequenciação e organização interna dos blocos;

2. eficácia de recepção de textos orais, pela detecção orientada, com consequente recuperação adequada, da sequenciação e da organização interna dos blocos informativos;

3. fidelidade de representação do conteúdo informativo na passagem do texto oral para o escrito; esse mecanismo implica o emprego adequado dos recursos de que dispõe o sistema gráfico da língua para: a) codificação em sinais (de acentuação e de pontuação) dos suprassegmentais, especialmente do acento de intensidade; b) substituição das marcas significativas entonacionais por recursos gramaticais (morfológicos e sintáticos) que mantenham a organização da informação do texto;

4. fidelidade de representação do conteúdo informativo na recuperação do texto oral através do escrito; esse mecanismo implica: a) decodificação adequada dos sinais de que faz uso a língua escrita para registro de suprassegmentais; b) percepção do efeito informativo de determinados expedientes gramaticais (morfológicos e sintáticos) que respondem, na língua escrita, por determinados efeitos informativos.

Essas quatro modalidades de bom desempenho correspondem, respectivamente, a:

1. boa redação oral;
2. boa interpretação de textos orais;
3. boa redação escrita;
4. boa leitura e interpretação de textos escritos.

B) A compreensão de peculiaridades do sistema da língua na organização dos blocos informativos.

Sob o ângulo que aqui se aponta, podem examinar-se questões que têm oferecido problemas, como:

- a posição do adjetivo em relação a seu núcleo substantivo: a obtenção de efeitos com o emprego da forma marcada, que em português é, em geral a anteposição;
- a natureza da oração adjetiva explicativa, que em português não tem marca segmental, caracterizando-se pelo corte entonacional do bloco que provê informação não restritiva;
- a organização das interrogativas gerais, que em português não têm ordem rígida e obtêm seus efeitos basicamente pela distribuição dos focos entonacionalmente marcados;
- o espaço de abrangência da modalização adverbial: Talvez eu vá (apenas um bloco entonacional), com subjuntivo: a modalização incide sobre o predicador + argumentos. Provavelmente eu vou (dois blocos entonacionais), com indicativo: a modalização fica noutro nível de informação (fato que os picos entonacionais e a pausa indicam).
- a real natureza de certos vícios/figuras de linguagem, como o pleonasmo e o anacoluto, que podem ser avaliados, enquanto vícios ou enquanto figuras, a partir da avaliação da eficácia informativa, já que encontram explicação nos mecanismos de topicalização semântica e/ou discursiva.

A ORGANIZAÇÃO INFORMATIVA NA ORAÇÃO

A consideração da organização oracional independentemente da organização *sintática* da oração permite o tratamento de várias questões sobre as quais os professores se manifestaram, ao apontar suas dificuldades no tratamento da gramática. Uma das mais importantes é a compreensão da natureza das entidades *sujeito* e *predicado*. Pela frequente coincidência entre tema e sujeito, de um lado, e rema e predicado, de outro, os elementos *sujeito* e *predicado* têm mascarada, na análise desavisada, a sua natureza sintática. Bem considerada a questão, explica-se, por exemplo, por que ocorrem orações como *Na África tem leão, Hoje tem marmelada, Aqui tem problema*, nas quais o primeiro elemento, o tema, é sentido como sujeito e combina-se muito mais facilmente com o verbo *ter*, que seleciona dois argumentos, do que com o verbo *haver* que não seleciona sujeito.

Na verdade, a falta de consideração da organização temática da frase tem impedido que se separem entidades de diferente nível, tema e sujeito. Esta pesquisa obteve de cerca de 70% dos entrevistados a definição de sujeito como "ser do qual se declara algo/ se faz uma declaração". Alguns professores mais cuidadosos alertam para o fato de que se referem a uma "declaração" linguística, não lógica, o que os eximiria de estar considerando a frase enquanto proposição lógica. Entretanto, nenhum professor se preocupou em estar fornecendo, na verdade, a definição de tema, já que, como se pôde perceber de modo muito claro, o sujeito é pacificamente sentido como ponto de partida da oração/declaração, isto é, como tema. Interessante observar que nem mesmo o fato de o sujeito coincidir com o "ser do qual se declara algo" apenas nas orações declarativas (nunca nas interrogativas, nas imperativas ou nas optativas), é percebido, em geral.

Essa confusão é a responsável por um grande número de aporias com que se defrontam os professores no desenvolvimento do estudo da gramática. Citam-se, aqui, algumas que foram apontadas nos Questionários e Entrevistas:

- O fato de *Há flores* não ter sujeito e *Existem flores* ter o sujeito flores: o fato de flores ter o mesmo estatuto na organização temática das duas frases mascara a compreensão da estrutura sintática (ligada à transitividade, e independente da organização da frase enquanto mensagem).

- O fato de se considerar "forçado", "não natural" o aparecimento do elemento Agente, nas orações de voz passiva: constituindo duas opções diferentes para a organização da mensagem, a frase ativa e a passiva representam diferentes seleções de tema; o tema "natural" (não marcado) da voz ativa é o sujeito (Agente), e, naturalmente, a oração que se organiza com vistas a rebaixar esse elemento dessa posição – a passiva – tende a prescindir totalmente dele em seu conteúdo comunicado; trata-se, na verdade, de uma reorientação da predicação para outro tema, representado estruturalmente pelo sujeito (Paciente, Experimentador, Beneficiário), passando o argumento Agente a uma posição de importância secundária (facilmente chegando a zero) na organização da informação. Deve-se observar que o que se notou na pesquisa foi que a única preocupação dos professores com o estudo da voz passiva é a exercitação da transformação passiva enquanto estrutura sintática.

O texto como organização da interação

É através da linguagem que se estabelecem e se mantêm as relações humanas. Os indivíduos interagem linguisticamente trocando entre si os papéis de falante e ouvinte. Enquanto falante, o indivíduo dirige a inserção dos participantes no circuito de comunicação, selecionando: a) o modo de seu enunciado, e b) o próprio sujeito da estruturação sintática.

O modo, que é obrigatório nas orações independentes, representa a organização dos participantes na situação de fala. Por ele, o falante escolhe entre declarar, perguntar, ordenar, pedir, confirmar, pedir confirmação, persuadir, etc., isto é, por ele, o falante define seu papel em relação ao interlocutor e à interlocução. Por outro lado, o falante se insere na situação de fala compondo orações para as quais escolhe um sujeito que pode ser o próprio falante (primeira pessoa), o ouvinte (segunda pessoa) ou nenhum dos interlocutores (não pessoa, "terceira pessoa").

A atenção para essa dimensão da linguagem permite que, no ensino da língua, se dê tratamento adequado a questões como:

A) As modalidades de frase

O que se verificou na pesquisa foi que, quando os professores tratam da questão da modalidade de frases, o tratamento é puramente formal: pede-se que os alunos transformem uma frase declarativa em interrogativa, etc., ou, ainda, que pontuem frases dadas por escrito; neste último caso, as frases interrogativas e as exclamativas vêm compostas com palavras interrogativas e exclamativas, respectivamente. Não se percebeu nenhuma orientação segura sobre a própria natureza do modo enquanto componente oracional, sobre o modo enquanto opção de nível interacional, para cuja expressão a língua provê recursos variados. Não se distingue, pois, entre *interrogação* (modalidade de frase) e *frase de forma interrogativa*. Assim, *treinam-se* apenas, nas aulas de gramática, *frases de forma interrogativa*, divorciando-se essa exercitação da realidade de uso da língua pelos alunos, o que significa estar funcionando a escola como redutora das formas de expressão.

Esquece-se que a gramática estará servindo ao desempenho se trouxer à consideração a falta de univocidade entre as opções de modo e as formas fixas para sua expressão; sem isso, ficam sem suporte de explicação fatos como: a) constituir pedido de informação uma frase que não tem forma interrogativa, como *Agora eu vou saber direitinho o que você fez ontem*, e não constituir pedido de informação uma frase como *Você não aprende nunca?* dita ao ouvinte como censura a uma falta cometida; b) constituir ordem uma frase que não tem forma imperativa, como *Esta sala tem de ficar limpa até a tarde*, dita ao encarregado de limpeza, e não constituir ordem nem pedido uma frase formalmente imperativa como *Vá ver se estou na esquina*, dita a alguém que aborrece o falante.

B) o modo verbal

Os únicos exercícios sobre modos verbais contemplados nas escolas, segundo esta pesquisa, dizem respeito a: 1) identificação dos diferentes modos; 2) conjugação de verbos em determinado modo; 3) preenchimento de lacunas com forma verbal de determinado modo. Alguns professores passam aos alunos a teorização constante dos manuais referente ao valor dos modos, como, por exemplo: "indicativo – em referência a fatos reais; subjuntivo – em referência a fatos duvidosos, prováveis, possíveis, etc.; imperativo – exprime ordem, pedido, convite, conselho, súplica". Evidentemente, essas indicações não encontram correspondência no uso, e, portanto, nada acrescentam à aprendizagem da língua pelos alunos, porque:

- não distinguem modo verbal e modalidade de frase:
- é diferente, por exemplo, o valor do indicativo em uma frase declarativa (Você fala muito bem.) e em uma frase imperativa (Você fala tudo o que quiser e depois sai.);
- não contemplam o modo verbal conforme o estatuto sintático da frase (independente ou principal/subordinada):
- em uma frase como Eu gostaria que você viesse, o subjuntivo não indica por si a não realidade (eventualidade, probabilidade), como apontam os manuais de gramática ao tratarem dos modos verbais, mas é automático, condicionado pela expressão de eventualidade da oração principal; é essa ordem de considerações que permite identificar uma modalidade bem peculiar para o subjuntivo quando em orações independentes, a modalidade optativa desiderativa de frases como Bons ventos o levem!;
- não levam em conta a ocorrência de elementos modalizadores da frase:

em frases como *eu acho que ele vem*, *Provavelmente ele vem*, a declaração de que ele vem, expressa no modo indicativo, é modalizada epistemicamente, deixando de expressar "fato real", diferentemente do que apontam os manuais em geral.

C) As pessoas do discurso

Os professores demonstraram não reconhecer as especificidades da categoria *pessoa* enquanto entidade do discurso e enquanto elemento da estrutura morfossintática da frase. Levados pela própria organização dos manuais de gramática, eles pedem, por exemplo, aos alunos, que conjuguem o verbo na terceira pessoa do imperativo; raros professores demonstraram algum incômodo ou estranheza face a essa possibilidade que eles consideraram fosse a de dar ordens a alguém que não seja o ouvinte (não percebendo que, na verdade, um imperativo do tipo *vá* (você), *vão* (vocês) é de segunda pessoa). Esse tipo de problema resulta da não consideração de que a pessoa do discurso é selecionada pelo modo de determinação dos papéis, na seleção do falante; os pronomes de tratamento representam a segunda pessoa do discurso, que é aquela a quem se fala, constituindo realidade de outra ordem a seleção do verbo na terceira pessoa gramatical para estruturação da transitividade no enunciado.

Pode-se lembrar, aqui, que Apolônio Díscolo (século II) já cruzava bem o enunciado e sua ancoragem na enunciação, quando apontava como insuficiente a definição de primeira pessoa como "a que fala", e a corrigia, dizendo que faltava acrescentar-se que é a respeito dela que ela fala; assim, primeira pessoa é "a que fala de si própria", do que resulta uma definição negativa de terceira pessoa, que nem é a que fala sobre si própria nem é aquela a quem se fala (Neves, 1987).

Todas essas considerações objetivaram mostrar que organização de interação (escolha de uma determinada ancoragem na situação de enunciado) e organização da informação (escolha de uma determinada direção na tematização) têm especificidades frequentemente ignoradas, ainda hoje, nos estudos gramaticais.

A organização semântica do texto

O texto é unidade com nível de expressão e nível de conteúdo. Nele se representa linguisticamente a experiência extralinguística, seja do mundo exterior seja do mundo interior (pensamentos, percepções, sentimentos).

Na organização do conteúdo cognitivo também se fazem opções que, no nível da frase, são refletidas pela transitividade, e, no nível do texto, marcam-se pela coesão, que se obtém por meio de recuperações e projeções semânticas extrafrásicas.

A TRANSITIVIDADE

Responsável pela organização semântica no nível frasal, a transitividade é o sistema que dá conta basicamente da seleção de processos e relações e de seus participantes, e, assim, da seleção de funções sintáticas na estrutura da frase.

Pode-se considerar, a partir daí, que a uma gramática que não parta de uma consideração rigorosa da "gramática" do verbo falta orientação para descrever adequada e coerentemente as frases da língua. Uma descrição adequada do sistema verbal do português pode constituir uma base sólida para a organização do tratamento básico da gramática da frase portuguesa, contribuindo para a organização das atividades de ensino e aprendizagem da língua portuguesa nas escolas.

A afirmação de que a consideração da gramática do verbo orienta privilegiadamente a consideração de toda a gramática da frase decorre da definição do estatuto de frase como uma contração de relações entre um predicador e seus argumentos. Decorre daí que se deva dar particular importância:

1. à valência verbal;
2. à avaliação da relação entre o arranjo estrutural da frase e as relações sintático-semânticas básicas contraídas entre predicador e argumentos, ligadas à matriz particular do verbo;
3. à avaliação das restrições de coocorrência;
4. à verificação dos diferentes resultados semânticos de diferentes combinatórias sintático-semânticas;

5. à avaliação da existência de participantes do processo verbal não determinantes (não argumentos) na combinatória estruturada em frase.

Nesses esquemas isolam-se classes sintático-semânticas dos verbos e propriedades específicas dessas classes. A experiência tem mostrado que um enfoque de tal tipo fornece subsídios para enfrentar grande número de questões que foram apresentadas pelos professores como constituindo obstáculo a que as noções fornecidas em aulas de gramática cheguem até as últimas consequências. Entre as dificuldades apontadas, geralmente decorrentes de uma falta de separação metodológica entre sintaxe e semântica, podem oferecer-se, como exemplos, as seguintes:

a) O sujeito relacionado com muita simplicidade a Agente.
Mesmo que se tenha o cuidado de especificar, como algumas gramáticas fazem, e, como os próprios professores ressalvaram, que o sujeito é agente de verbos quando *na voz ativa*, resta o problema da não consideração do sujeito Experimentador, do sujeito Beneficiário, do sujeito Objetivo, do sujeito Origem.

Ao sujeito se atribui estatuto semântico privilegiado em relação aos complementos. Essa posição de "superioridade" na hierarquização da estrutura, que faz, inclusive, que o sujeito seja o controlador da concordância, relaciona-se com a vocação do Agente para ocupar a posição estrutural de sujeito. Caracteriza-se, desse modo, o sujeito prototípico, cuja definição, entretanto, confunde-se com a definição geral da função, o que desorienta a análise.

b) A transitividade apresentada enquanto mecanismo sintático e explicada enquanto propriedade semântica dos verbos.
Se se observar a condução do estudo da transitividade verbal feita pelos professores, verifica-se que:
• o verbo é classificado em transitivo ou intransitivo em curso de considerações sintáticas; aliás todos os manuais abrigam esse estudo no capítulo sobre sintaxe;

- a definição de transitividade é feita em termos semânticos; os professores entrevistados disseram, em geral, que verbo transitivo é o que "não tem sentido completo".

c) O termo *agente da passiva*, com referente entre as entidades semânticas e abrigado entre as entidades sintáticas.

d) A diferença de natureza entre o que a Nomenclatura Gramatical Brasileira chama *complemento* e o que ela chama *adjunto* tratada fora da análise do grau de relação contraída entre o predicador e os participantes da relação (argumentos x não argumentos).

A própria natureza do *nome* pode ser estudada como depreensão da noção de participante/argumento da relação de transitividade.

A COESÃO TEXTUAL

À organização semântica do texto feita independentemente da estrutura da frase dizem respeito as relações coesivas. A coesão é aqui entendida, com Halliday & Hasan (1976), como uma relação semântica que se refere à interpretação de um item em dependência de um outro que integra o mesmo texto. A partir daí, postula-se que a coesão textual tem seu estatuto sintático, entendida a sintaxe como incorporadora de todos os níveis.

Um texto se faz como uma teia que se tece entre avanços e retomadas*. Isso constitui a base de que se levem em consideração:
- na esfera das relações e processos, as sequenciações e junções;
- na esfera dos participantes/argumentos, as repetições e as referenciações (endófora).

A pesquisa que aqui se relatou mostrou que não há consideração de tal perspectiva na condução do estudo da gramática no nível escolar,

---

* Charolles (1978) apresenta quatro metarregras de coerência do texto: a repetição, a progressão, a não contradição e o relacionamento dos elementos da sequência.

e também, que os professores não estão despertados para essa visão do objeto de estudo da gramática.

A) Quanto à esfera das relações e processos:

Tome-se como primeiro ponto de análise a exercitação dos tempos verbais que se vê praticada em sala de aula. Restringe-se esse exercício, mais uma vez: a) à catalogação da forma verbal; b) à determinação da forma conforme o tempo indicado, ou em todas as pessoas e números (conjugação), ou em uma determinada pessoa e número, seja em frase seja fora de frase; c) ao preenchimento de lacuna com uma determinada forma verbal. Não se encontra no encaminhamento do estudo nenhuma percepção do caráter dêitico do tempo e nenhuma consideração da categoria *aspecto* ligada à forma verbal, bem como – e principalmente – nenhuma percepção do tempo como categoria que perpassa todo o texto, constituindo marca de junção, quer pela sequenciação (avanços) quer pela projeção de regressão (retomadas). Na perspectiva que aqui se aponta, o valor de um tempo verbal não vem resolvido simplesmente com uma indicação do tipo de "presente – em referência a fatos que se passam ou se estendem ao momento em que falamos; pretérito – em referência a fatos anteriores ao momento em que falamos", já que isso não é verdade em frases de forma verbal do tipo *D. Pedro proclama a Independência.*

Outro tema gramatical que pode equacionar-se com tal proposta de exame é a natureza e uso dos coordenadores. As chamadas *conjunções coordenativas* – que não apenas ocorrem entre termos e orações, mas, ainda, ocorrem em início de frase – constituem uma classe que pode ser estabelecida a partir de sua consideração com base em relações e processos no nível do texto. Considerados funcionalmente como da esfera das relações e processos, os coordenadores são sequenciadores no texto, exibindo uma invariância que os define como bloqueadores da aposição do segundo segmento coordenado ao primeiro, isto é, como definidores da exterioridade sintática entre os dois segmentos coordenados (Neves, 1984).

B) Quanto à esfera dos participantes/argumentos:

Um dos exercícios dados com certa frequência nas escolas é o preenchimento de lacunas com pronomes pessoais (especialmente oblíquos), em frases do tipo *O menino viu a bola.* → *O menino __ viu.* Entre várias questões que se ligam ao modo como é entendida essa exercitação, podem apontar-se:

1. O mecanismo é sentido, geralmente, como intrafrasal, como se pertencesse à organização interna da frase (ao sistema de transitividade ou à tematização).

2. A intenção do exercício é normativa, visando a fixar a necessidade do uso da forma oblíqua átona.

3. Em consequência disso, o elemento preenchedor da lacuna é entendido como substituto, não como item de referência, já que o uso dos pronomes aparece como transformação de frase, não como referenciação a elementos semânticos da porção antecedente ou subsequente do texto.

4. Não se percebe a diferença de nível discursivo-textual entre primeira e segunda pessoas, de um lado, e terceira pessoa, de outro; assim, não se estrutura a análise sobre a condição prévia de exófora para a primeira e segunda pessoas (ressalvado o discurso direto) e endófora para a terceira.

Ligada a esse exame está a questão de diferenciação entre sujeito "indeterminado" com verbo na terceira pessoa do plural e sujeito "oculto" com verbo na terceira pessoa do plural. Exercitada no nível da frase, essa oposição se oferece como problemática; alguns professores percebem a natureza do problema, mas simplesmente o resolvem com o clássico "depende do contexto".

Postula-se, aqui, que o estudo do emprego dos pronomes pessoais enquanto itens fóricos (exofóricos e endofóricos), itens de referência pessoal, encaminhe a questão para uma análise em nada problemática. A possibilidade de recuperação de um item de referência expresso no texto define o sujeito "oculto", enquanto a impossibilidade de recuperação no texto, acrescida à impossibilidade de identificação referencial, define o sujeito "indeterminado". Aí se explicam também as semelhanças e diferenças entre frases do tipo: a) *Quebraram meu copo.* (em que o sujeito seja indeterminado), e b) *Alguém quebrou meu copo.*

- em a): não há endófora (não há recuperação semântica no texto) e não há nenhum elemento ocupando a casa estrutural de sujeito; o sistema da língua prevê, nesse caso, o uso da terceira pessoa do plural sem o elemento sujeito;
- em b): não há endófora (não há recuperação semântica no texto), mas há um elemento que ocupa a casa estrutural do sujeito; o efeito de sentido é semelhante ao da primeira frase, porque esse elemento (o chamado pronome indefinido) se caracteriza nocionalmente pela indefinição do referente do mundo extralinguístico.

CONSIDERAÇÕES FINAIS

Ressalta como básica, na discussão do que deva ser a *gramática*, no ensino de 1º e 2º graus, inicialmente, uma consideração geral: Se a gramática "ensinada" deve servir a que os alunos se expressem melhor, ela deve ser tal que sirva a esse fim. Se o ensino da gramática visa, pois, ao uso da língua, é perfeitamente previsível que o tratamento predominantemente formal que vem sendo dado à exercitação gramatical em sala de aula não cumpra seu papel. A exercitação formal (reconhecimento e análise de funções estruturais) que vem sendo empreendida maciçamente, conflita, por outro lado, com o estudo dessas funções quando teoricamente consideradas; não sabendo separar os níveis, os professores tratam as funções sintáticas, formalmente exercitadas, ou semanticamente (v.g. verbo transitivo e objeto direto), ou tematicamente (v.g. sujeito e predicado), etc. A consideração funcional, acredito, permitiria o desbaste necessário para, inclusive, poder chegar-se a um tratamento formal bem assentado e compreendido.

Indo-se mais particularmente para a questão das classes de palavras, pode-se afirmar que, se o "ensino da gramática" visa ao uso da língua, não tem sentido a dedicação quase exclusiva ao próprio reconhecimento e catalogação das "classes" de palavras. A consideração do papel funcional dessas classes (que nada mais são que partes do discurso) não pode ser negligenciado, sob pena de se instituir que a metalíngua, na escola de 1º e 2º graus, institui um domínio autônomo com finalidade em si. Sabemos que esse domínio assim constituído é altamente desejável, mas em outro nível de análise. O que ocorre com o tratamento das classes de palavras nas escolas é que:

- o tratamento tradicional (especialmente as definições) já deixa entrever que há domínios bem diferenciados em que se situam as diferentes classes (v.g. o fato de se dar definição predominantemente nocional às classes lexicais, definição distribucional a alguns pronomes, definição funcional aos conectivos); mas tais especificidades não são nem sugeridas de modo sistemático, para que se possa organizar um tratamento coerente;
- as classes de palavras são vistas como elementos que, isolados em uma forma visível (palavras), devem também ser analisados enquanto elementos isolados, desvinculados da própria linguagem; o fato de se destacarem de textos as palavras (como os professores insistem em declarar que fazem) em nada muda a questão, já que, destacadas do texto, as palavras assumem uma autonomia que as torna como peças avulsas, não pertencentes a um sistema amarrado, que provê para elas funções complementares entre si, embora com zonas de intersecção.

OBRAS CITADAS

CHAROLLES, M. Introduction aux problèmes de la cohérence des textes. *Langue Française*, 1978, 38:7-41.

HALLIDAY, M.A.K. *An Introduction to Functional Grammar*. London, Edward Arnold, 1985.

_____. *Explorations in the Functions of Grammar*. London, Longman, 1973.

_____. Notes on Transitivity and Theme in English. *Journal of Linguistics*, 1967-1968, 3:37-81, 199-244; 4:179-216.

NEVES, M.H.M. *A coordenação interfrasal em português*. Tese de livre-docência. Araraquara, ILCSE-UNESP, 1984.

_____. *A vertente grega da gramática tradicional*. São Paulo, Hucitec – Ed. Universidade de Brasília, 1987.

BIBLIOGRAFIA COMENTADA

HALLIDAY, M.A.K. (1967-1968)

É um alentado artigo em três partes. A primeira estuda a transitividade, a segunda trata do que o autor chama "tema" (termo geral para todas as escolhas que envolvem a distribuição de informação na oração) e a terceira reconsidera a transitividade à luz de novos problemas e das considerações feitas sobre tema.

A formulação é feita em termos de uma descrição sistêmica, na qual a gramática toma a forma de uma série de estruturas sistêmicas, cada estrutura representando as escolhas associadas com um dado tipo de constituinte.

HALLIDAY, M.A.K. (1973)

A obra reúne cinco artigos que têm em comum a abordagem funcional dos estudos linguísticos. Essa abordagem é entendida, de início, como a investigação do uso da língua, mas também como a explicação da natureza da linguagem em termos funcionais.

Considera-se que não se pode simplesmente igualar "função" e "uso", mas se deve adotar um ponto de vista mais geral e mais abstrato da natureza da função linguística. Ao mesmo tempo, considera-se o conceito de função linguística importante para a compreensão da linguagem em seus aspectos educacionais, sociais e estéticos.

HALLIDA Y, M.A.K. (1985)

Segundo as próprias declarações do autor, essa obra não inclui a parte sistêmica da gramática. Como ela foi escrita especificamente para os que estudam a gramática com o propósito de análise de textos, o que se apresenta é a parte funcional, isto é, "a interpretação dos padrões gramaticais em termos de configurações de funções" (*Foreword*, X). Funcional se entende, aí, em três sentidos distintos, mas relacionados, a saber na sua interpretação: a) de textos, b) do sistema, e c) dos elementos das estruturas linguísticas. A obra estuda, na primeira parte, a oração (como mensagem, como troca e como representação), e, na segunda, tudo o que está abaixo (grupos, sintagmas) acima (a oração complexa), ao lado (entoação e ritmo), em torno (coesão e discurso) e além (modos metafóricos de expressão) da oração.

HALLIDAY, M.A.K. e HASAN, R. (1976)

O objetivo do livro é fornecer uma descrição do sistema do inglês contemporâneo, que, baseada na evidência de textos de diferentes variedades, falados e escritos, possa aplicar-se a outros estudos de textos.

O aspecto do sistema linguístico particularmente contemplado são os recursos de que ele dispõe para a construção do texto, considerando-se a coesão como o principal componente desses recursos. Entendem-se como relações coesivas as que se estabelecem entre dois ou mais elementos de um texto, independentemente da estrutura. Elas são realizadas pela gramática e pelo léxico e decorrem de mecanismos como: referência, substituição, elipse, conjunção (gramaticais), reiteração e colocação (lexicais).

CADASTRE-SE
EM NOSSO SITE,
FIQUE POR DENTRO DAS NOVIDADES
E APROVEITE OS MELHORES DESCONTOS

LIVROS NAS ÁREAS DE:

História | Língua Portuguesa
Educação | Geografia | Comunicação
Relações Internacionais | Ciências Sociais
Formação de professor | Interesse geral

ou
editoracontexto.com.br/newscontexto

Siga a Contexto
nas Redes Sociais:
@editoracontexto